How the Media Sways Politics

Yoichi SERIKAWA
and
Takeshi SASAKI

政治を動かすメディア

芹川洋一
日本経済新聞社論説主幹

佐々木毅
元東京大学総長

1989年の精神／アンシャンレジーム／イデオロギー／ウェーブモデル／55年体制／空気／グローバリズム／劇場型／現代民主政／ケータイ／SNS／権力の監視／サイバー・カスケード／サウンド・バイト／雑誌／シニシズム／資本主義／ジャーナリズム／社説／週刊誌／集団分極化／自由民権運動／新聞／報道／沈黙の螺旋／政局／政権交代／政治／世論調査／ステレオタイプ／スマホ／トランプ劇場／トリックスター／ナショナリズム／ニヒリズム／ネット右翼／ネット選挙／番記者／パンドワン効果／フェイクニュース／ブレグジット／ブログ／ポスト・トゥルース／メール／世論調査／世論の支配／ゴミ集め／ライブラリズム／リベラリズム／フレーズ・ポリティクス／ポピュリズム／マス

東京大学出版会

How the Media Sways Politics
Yoichi SERIKAWA and Takeshi SASAKI
University of Tokyo Press, 2017
ISBN978-4-13-033107-4

はしがき

本書『政治を動かすメディア』は些か由来の異なる二つの部分から成り立っている。先ず、各論は芹川氏の執筆になるものであり、ベテランジャーナリストからなる「日本アカデメイア」の「マスコミ交流会」での芹川氏の問題提起とそこでの議論を踏まえ、芹川氏が書き下ろしたものである。これに対して総論は佐々木がトランプ大統領誕生の余韻の中で、一気に書き下ろしたものである。座談会はこの二つを貫く共通の関心を確認しようとしたものである。

本書の誕生を最終的に促した大きな要因は、2016年の一連の政治的出来事、特に、英国のEU離脱とトランプ大統領の誕生であった。すなわち、これらの出来事が先進民主政において起こったこと、その際、広い意味でメディアのあり方が中心的な話題の一つになったこと、一部ではメディアの敗北といった議論が盛り上がったことなどから、従来の枠を超えて民主政とメディアのあり方を吟味する必要が出て来たからである。有力メディアは既成勢力の一翼としてポピュリズムの批判にさらされ、選挙の実態がつかめなくなったとも言われた。また、世論の分断の中で政治におけるウソと事実との境界も曖昧化し、先進民主政における「事実のもろさ」が顕在化したことも今度の一連の出来事の特徴であった。

これこそ民主政の変質の一つのメルクマールと考えられる。こうした民主政の変質乃至その変質可能性、その中におけるメディアのあり方への問いが本書の執筆を後押しした。

総論はこうした一連の動きを受けて民主政自体の変化に焦点を合わせ、メディア論のバックグラウンドを広げることを目的にしている。メディアも民主政も所詮は歴史的産物であり、歴史的文脈抜きの議論は足許を掬われかねない。今から百年前にウォーラスやリップマンが大衆の登場と古い社会の解体、民主政の内なる脆弱性に目を向けたが、それに匹敵する大きな環境変化の下に有権者が置かれていること、既成政党の急速な弱体化はその当然の帰結であること、グローバリズムは彼らの根無し草化と「プレカリアート」の誕生に一役買っていることなどが論点として登場する。

各論は主として明治以来の日本の材料を念頭に置きつつ、メディアの側の政治過程や政治思潮への影響に焦点を合わせ、更に記者の実相とニュースの現場の姿を描きながら、「政治のプレーヤー」としてのメディアの主体性と責任、ある意味での謙虚さを一貫して問いかけている。こうした問いかけは、メディア世界の作業の広範な「自覚化」を促すものであって、長い間メディアの世界に身を置いてきた著者にして初めて可能なメッセージである。メディアの役割について諸々の指摘に応えるためにも、著者の問いかけが生かされることを切望したい。

最後に本書がメディアを志す若い世代に限らず、民主政もメディアも大きな歴史の曲がり角に来ているという認識を共有する多くの人々にとって思考の糧となることを期待したい。

佐々木　毅

［目次］

第2章―政治思潮への影響

本文デザイン——デザインフォリオ

総論

現代民主政とメディア

２０１６年は世界のマスメディアにとって深刻な禍の年となった。英国のＥＵ離脱国民投票及びアメリカ大統領選挙についての報道において、結果の予想が外れたのみならず、政治的現実の解明力において、その限界をはっきりと露呈したからである。読者・視聴者がショックを受けたのみならず、メディア自身がショックと衝撃に見舞われた様子がこれほどあからさまに観察されたという点でも珍しい。本稿も少なからずその衝撃に刺激された結果の産物である。このマスメディアの出来事の分析や解釈はいずれ時間をおいてなされるであろうが、これはわれわれの現代民主政理解にとっても挑戦的な出来事であった。

そこで現代の状況を考察するためにはそれなりの工夫が求められる。取り敢えず、一方において民主政とメディアをめぐる基本的な枠組みを再確認しつつ、他方で、民主政そのものの変化・変質についての目配りを忘れないようにすることである。後者の観点を入れるのは、民主政とメディアというテーマにしても所詮は歴史的個性を免れないからである。

このことは、民主政にとってのメディアの重要性を毫も否定するものではないが、民主政論なきメディア論にも問題があることを意識する必要がある。本稿はそうした論点についての取り敢えずのスケッチである。

1――「世論の支配」とメディア

2016年の出来事を踏まえて、民主政の「非合理性」について耳にすることが多くなった。逆に言えば、それまでは民主政は合理的な仕組みと考えられて来たかのようである。興味深いのは、どこからそうした見方が出て来たか、その根拠は何であったかである。政治学の歴史を紐解けば、民主政の「非合理性」ほどポピュラーな話題はなかったし、そうした中で「世論の支配」の意味をどうにか見出そうと必死に努力してきたのが一面の真実であった。そのためには工夫に次ぐ工夫が必要であったし、それなりに精妙な仕組みも必要であった。メディアもその中の最たる担い手であった。

民主政にしても世論の支配にしても、厄介なのは人民や世論というのが物神化されやすい一方で、考えれば考える程、分かりにくいものだという点にある。これらが一人の人間（自然人）のように声を発するわけではなく、存在するのはバラバラの諸個人でしかない。その意味では君主主権と人民主権とは立場が違うだけではなく、主権の構造が違う。君主主権は自然人である君主が同定されれば、制度的には完成する。これに対して、人民主権は先ず人民をどう作るか、その意思をどう表出するかの仕組みを決めなければならない。そこでは一人の自然人が決定するような「分かりやすさ」は期待できない。私（佐々木）が好んで使う言葉を用いるならば、民主政は複雑な制度の積み上げによって構成される、「みなし」の累積ということになる。「世論の支配」ということ自身、民主政の最大の「みなし」である。

また、決して高いとは言えない投票率の下、有効投票の6分の1以上を獲得した最上位の者が国会議員になり、国民を代表するというのも「みなし」の代表例である。

「みなし」は多数の人間が参加することに発するやむを得ない制度的装置、必需品である。古代のギリシアのように市民が直接政治に参加する仕組みを採用すればかなり「みなし」を削減できるが、その分、誰かが生活の面倒を見なければならないという別の問題が出てくる。「みなし」には隙間が伴い、その隙間を埋めるのは人間であり、お互いに影響力の行使や競争が行われる。それらの動きによって「みなし」の結果・効果は大きく左右される。政党や諸団体、そしてメディアなどは「みなし」の諸制度の実質的な担い手の代表的例である。民主政にとって「みなし」は必需品であるが、しかしその動きをどう改善していくかは常に問題になる。更には、制度そのものをどう変えるかといったことも問題になり得る。政治の質の向上は「みなし」の内容の充実・改善と重なる。特に、政治（指導者）と有権者の接点のあり方は、民主政の「合理性」に関わる論点として重要である。

今から約百年前、有権者や民主政の「合理性」に対する信頼性は、いわゆる大衆の登場と共に深刻な危機に瀕した。G・ウォーラスの『政治における人間性』（1908）はいわば民主政の内なる脆弱性というパンドラの箱を開けた。当時台頭しつつあった心理学の成果を通して見えてきた有権者の実像は、目的に対する手段の合理的判断をなし得るような存在ではなく、衝動や本能、習慣によって駆り立てられるような存在であった。政治家たちはこのことを十分に心得ており、衝動への訴えと言葉の巧みな操作によって、これらの有権者を魅了し、逆に、有権者を支配する手段を身につけるに至ったのである。

これでは「世論の支配」は内側から空洞化し、被代表者による有権者の操作の可能性すら展望される。そこで彼は、「操作による政治」と「合意による政治」という対立概念を設定し、「合意による政治」の実現可能性を模索するようになった。「合意による政治」が放任しておいても自ずから実現可能だといった発想は百年以上前に終わったのである。

ウォーラスの議論を更に展開したのがW・リップマンであった。『世論』（1922）や『幻の公衆』（1925）に描かれたのは、「世論の支配」の空洞性の容赦のない指摘であった。彼によれば、政治についての的確な判断力を備えた公衆といったものはどこにも存在しない。人間は基本的に自分自身への関心によって支配され、身近なことについてはそれなりの合理的な判断をするが、政治といった自分から遠い事象については十分な情報もなく、スローガンや政治家を通して得た単純なイメージでしかそれを考えることができない。更に重要なのは、子供の頃から長い時間をかけて定着した思考や見聞を方向付けるメガネ（ステレオタイプ）に従って、複雑な現実を単純化・歪曲しながら知覚し、それによって努力を節約し、しかも安心感をもって生きていく点にある。この抜きがたいステレオタイプの支配は感情や偏見、熱狂の支配につながり、知性を備えた人民の意志を期待することは不可能である。新聞もこのステレオタイプに迎合こそすれ、それを是正することはできない。人民による自己統治は幻影にすぎず、今や人民の「合意」は政治指導者によって「製造」されるものとなる。これは「世論の支配」の自己否定であり、民主政の内からの崩壊である。『世論』においてリップマンはエリートと大衆の二元論に出口を求めたが、それに手がかりを与えたのは反民主政で知られたプラトンの哲人王論であった。

人民に自らを「代表させる」能力がないといった議論の傍らで、イデオロギーや「政治神話」を駆使して人民を操作し、支配するというエリート主義が台頭する。「政治神話」の中には自由や平等、「世論の支配」も含まれる。真理は問われることなく、宣伝によって置き換えられ、合意の形骸化が進み、支配・被支配関係の逆転が発生する。この逆転によって、人民に対する尊重や敬意は消え、単純なメッセージにこだまのように反響することしか大衆には期待されなくなる。政治と有権者との関係を公平に且つ開放的に構築するという試みそのものが無用視され、排撃され、弾圧されることになる。ヒトラーの『わが闘争』にちりばめられた議論は格好の見本である。

政治と有権者との関係を深耕する上で重要な役割を果たしたのは、民主政を一つの政治的手続きに読み替えたJ・シュンペーターの議論であった。『資本主義、社会主義、民主主義』(1942)における「民主主義的方法とは、個々人が人民の投票を獲得するための競争的闘争を行うことにより決定権力を得るような形で、政治的決定に到達する制度的仕組みである」という定義は、「世論の支配」とか「人民の意志」とかといった、「人民のための政治」の口実の下で実体化されやすかった概念を徹底的に排除し、民主政を一つの手続きに読み替えた点に特徴があった。併せて、「人民による政治」は消滅し、「政治家による政治」に取って代わられた。これは「人民による統治」にこだわり過ぎて独裁政治に飲み込まれてしまったのとの対比でいえば、政治家と人民との役割分担と距離感を前提にして、改めて両者の関係を構築する方向に舵を切ったといえよう。

そこで肝心なのは「人民の投票を獲得するための競争的闘争」の内実である。目的は「政治家のための政治」への転落を防ぎ、「人民のための政治」を実現することである。その質的充実を下支えする一つの条件が競争という多元主義的条件であり、競争下でのメッセージのチェックとそれを踏まえた論争が当然に期待される。これは政治と有権者との関係の公平化、開放化に大いに貢献する。そこに投入される情報も徐々に整理され、充実し得る。その一方で、人民が決めなければならないのは具体的な政策課題ではなく、「誰が決定を行うべきか」に究極的に絞り込まれる。その意味では「人民による統治」が期待された段階と比べて、人民の精神的負担は大きく軽減される。その分、人民に対するペシミズムに悩まされる度合いが少なくなる。民主政に期待される「合理性」の基準がかなりディスカウントされたとも言えよう。ウォーラスやリップマンがかつて指摘した有権者の実像が大きく変化したというよりも、有権者の役割の限定化によって有権者像が政党帰属感などへと収斂していったと考えられる。民主政は「政治家による政治」と翻訳されることによって一定の「合理性」のメドが立ったともいえるが、「合理性」に応える政治家や政党がどこまで再生産可能かは別の問題に属する。シュンペーターがいうところの、「天職として政治に従事する社会階層」といったものがどこにでも存在するわけではない。また、「政治家による政治」が「政治家のための政治」に転落しないという保証はどこにもない。

政治と世論との接点において、決定的に重要なのはマスメディアの役割である。民主政においてメディアの自由が確保され、自由なアジェンダセッティングが行われ、政治報道・分析の多元性が実現することである。多くの事象が日々発生し、多くの出来事が急速に過去のものになっていく政治の世界の中から、独自のアジェンダの水脈を抽出し、その切り口の工夫によって事実を「作り出し」、世論の形成に寄与することがその重要な役割である。事柄の是非を主張するに先立って事実をして語らしめることに重点があることはいうまでもない。メディアは権力機構でない以上、それが権力の監視や批判に貢献することは当然予想される。こうした自由と並んで大事なのはその質の高さ（徹底性や先見性）である。これは当該社会の知的水準を多かれ少なかれ反映せざるを得ない。ウォーラスやリップマンは、世論を放置したままにしておけばどのような有様になるかについて極めて深刻な警告を発していた。ステレオタイプに支配され、それに迎合するメディア、そうした中から誕生する世論に大きな期待をかけるわけにはいかない。「怠惰な世論」に刺激を与え、課題を認識させ、自由な言論空間の中で有権者が教育し合う、政治のインフラを担うのがメディアの役割である。大本営発表のようなメディアにはこうしたインフラを担う資格があるように思えない。

メディアのこの活動はその置かれた環境――権力構造など――によって左右されるのは免れがたい。ある時期に通用した手法やノウハウにも賞味期限がある。かつて1970年代のアメリカのメディアは正に時代を謳歌していたが、今やそれもかなり過去のものとなってしまった。今度のトランプ政権の誕生は彼らにとって大きな挑戦を意味するに違いない。日本のメディアはなおかなり高い社会的信頼感を享受しているが、活字メディアの読者の減少はかなりのスピードで進んでいる。笑い話ではないが、今や「新聞を読んだことのない世代が新聞作りをする時代」になっているという。その背後にあるのが猛烈な勢いで進むメディアの多元化である。

いわゆるメディアの多元化は民主政の姿を大きく変えた。何よりもマスメディアの影響力の低下が顕著になり、政党は支持者に対する情報面での影響力を急速に喪失した。それまでの文字や数字を手段に政策や政治を論ずるスタイルに代わって、特定の人物の映像が政治の世界の関心を一手に集めるようになった。政治の「個人化」(personalization) がそれである。小泉元首相は世界的に見てもその代表格の一人である。政治自身がメディア化されるようになり、トップ・リーダーに限らず、政治家にとってメディア戦略は重要なテーマになった。政党がますます選挙専門組織化するにつけ、トップのイメージは大事なアセットになってきた。また、インターネットを始めとする多元的メディアの影響は多様であるが、個々人の情報収集力・発信力が増大する一方で、自らのステレオタイプに沿ったメディアやコンテンツにますます傾斜していく選択的接触の傾向が指摘されている。これは党派的分極化を促進し、世論の分断を加速する要因の一つとして注目されている。このようなメディア環境の変化は、政治経済構造の変化と相俟って既成政党の弱体化を加速し、支持者の大規模な流動化を促し、政治全体の不安定化の背景を形成している。実際、トランプ、サンダースの二人は、既成政党の空洞化ぶりを如実に浮き彫りにしたし、各国における新党の急速な台頭に見られるように、既成政党の衰弱は加速度的に進みつつある。それは政治的冒険家にとって絶好のチャンスを与えている。極右・排外主義を掲げる政治勢力の台頭は伝染病のように広がり、英国のEU離脱やトランプの勝利につながった。これがどの程度持続性のある潮流であるかはっきりした見通しがあるわけではないが、既成政党がかつての安定性を取り戻せると楽観できる材料があるわけではない。国民投票の頻繁な実施の背後には既成政党の統治能力の弱体化がしばしば潜んでいる。そして後に残るのは苦い分断の遺産であり、それは更なる分断の素地になる。

シュンペーターの「政治家による政治」というモデルの綻びが誰の目にも明らかになる一方で、新興民主政では異論を封殺する強権政治が急増している。これは政治的多元主義にとって好ましくない傾向であることは間違いがないが、安定した政党基盤のないところに「合理性」を求めるのはないものねだりに他ならない。かくして民主政の政治経済構造の変容に視線を向ける必要が出てくる。

2――現代民主政の歴史性

今度の英国、米国で起こった大きな政治的出来事は、新興国ならともかく、最も成熟したはずの民主政を舞台にして起こった点で衝撃的であったと考えられる。経済のグローバリズムと現代民主政は共存関係にあり、それが当たり前であるという冷戦終結以来の常識――「1989年の精神」とでもいうべきもの――に「ノー」が突き付けられたのである。しかも、こともあろうに、冷戦に勝った側の民主政がこの常識を率先して覆すとは、というわけである。世界の大メディアはさながら「1989年の精神」の宣教師であり、今回、現代民主政がこの常識に牙をむいたことですっかり意表を突かれることになった。確かに20世紀のある時期以来、資本主義と民主政が共存関係を作り上げてきたことは事実であり、現代民主政の「堕落」＝ポピュリズムはそれに対する裏切りに見えるかもしれない。しかし、経済が数十年前と一変したように、民主政の側も五十年一日ではない。両者は否応なしに一定の歴史的刻印を帯びている。現代民主政の観点からすれば、今回のような事態は起こるべくして起こったという側面もないわけではない。私個人の感覚でいえば、この数年、「嫌なことが起こりそうだ」と呟き続け、講演などではしばしば口にしてきたという記憶がある。漠然としているが、その程度の予感を持っていた人は決して少なくなかったのではないか。２０１５年の日本学士院と韓国学術院とのフォーラムにおいてこうした懸念を表明したところ、それは過度のペシミズムだと韓国の同僚からやんわりたしなめられた記憶があるが、先のような呟きにはそれなりの根拠があったからである。歴史に必然性はないが、その方向感覚は大切なことを念頭に以下のスケッチを進めていきたい。

冷戦終結後のグローバリズムの時代よりも、経済面でもっとグローバルな時代があったことは広く知られている。それは第一次世界大戦前の時代である。それはある意味で19世紀文明の成果であった。K・ポラニーによれば、19世紀文明は四本柱によって構成されていた。すなわち、長期的・破壊的戦争を回避する勢力均衡システム、国際金本位制、前代未聞の繁栄を生み出した自己調整的市場、自由主義国家である。これらの支柱のうち決定的に重要なのが国際金本位制であったという。同時に、その時代は民主政の本格的な定着の時代でもあり、グローバリズムと民主政との出会いの第一ラウンドが始まった。政治の側から言えば、それは大衆の登場の時代でもあった。移動手段や通信手段の革命によって古い社会の解体が進み、人々はそこから都市を中心に形成された大社会（大衆社会）に流入した。古い社会的な紐帯が解体し、人々は根無し草状態の中に投げ出された。それこそはウォーラスやリップマンが観察した社会であり、人間の姿であった。彼らの議論には民主政の将来に対する懐疑主義が見られたが、そこから激動の20世紀政治が始まったのである。

実際、未曽有の総力戦に始まり、19世紀文明の支柱はあっという間に崩壊の危機に瀕した。自己調整的市場と国際金本位制は辛うじて大戦を生き延びたが、1930年代の世界恐慌を生き延びることはできなかった。民主政は疾風怒濤の政治経済情勢の中に投げ込まれた。政党政治は革命の波に洗われ、政治の主たる舞台は議事堂から街頭へとその場を移した。民主政の「合理性」を問えるような環境はなくなり、ウォーラスやリップマンが予感した最悪の事態が訪れた。国際金本位制は不安定な民主政に難しい課題を押し付け、その行き詰まりを加速した。日本の金解禁政策とそれに伴うデフレ政策が深刻な不況を招き、ファシズム誕生のきっかけになったことは広く知られている。

動乱と革命はエリート論を後押ししたが、そこで強調されたのが人間を操作する能力の必要性であった。宣伝と暴力をいかに効果的に運用できるかが、エリートの最も大切な条件になった。それに比べれば、利益や政策の重要度は低い。政治の基盤の不安定な中でイデオロギー政治が繰り広げられ、それが更に政治を不安定にし、遂には民主政の崩壊に至る軌跡も出て来た。このことは民主政が第二次世界大戦（後）に至るまで、自らの安定的基盤を見出すことなく、模索を続けていたことを物語っている。

第二次大戦後の西側民主政の安定ぶりは、この動乱と革命の前史と比較して鮮やかなコントラストをなしている。これは個人的にも長い間気になっていたテーマであった。勿論、冷戦という外枠が有無を言わさずその外交政策を他律的に拘束し、深刻な外交論議からの解放をもたらしたことを否定するわけにはいかない。しかし、宣伝や暴力のスペシャリストが政治権力を掌握する民主政ではなくなり、日常生活に、就中経済に基盤を置いた政治に変化したことは明確である。これは人間は身近な問題については合理的な判断能力を持つというリップマンの主張を裏書きしている。そこで西側民主政の黄昏が迫った時期に「20世紀型体制についての一試論」（1995）を書き、この問題への当時としての回答を提起したのである。ここでの議論はいわばその続編とでも言うべきものである。

1950年代から70年代にかけての西側民主政の強さは、経済的基盤の整備の上に安定した利益政治を樹立したことにある。キャッチフレーズ的に言えば、「イデオロギー政治から利益政治へ」ということになる。この利益政治が可能になった背景には、経済の好況に加え、ケインズ主義を掲げる政府による経済運営に対する絶大な信頼感があった。大恐慌は自己調整的市場という19世紀文明に対する信頼感を一挙に破壊させ、政府による経済の合理的運営——完全雇用や福祉国家を見据えた——に対する道を開いた。例えば、K・マンハイムの『変革期における人間と社会』（1935）は、「自由のための計画」という構想の名の下に、大恐慌と大失業を引き起こした自由放任主義からの決別を宣言し、政府による景気循環の管理、産業の再編成や投資の規制への社会の干渉、何人にも最低限の生活水準を保障する福祉国家の実現などをその内容として挙げている。政府は対外的にはブレトンウッズ協定に従い、通貨価値の維持のため内外政策のバランスを維持する責任を負い、経済政策に対する巨大な規制権限を手にしていた。平和の回復に伴う巨大な需要もあって、経済成長が順調に進んだこともこうした政策運営にとって追い風となった。諸施策は所得格差の縮減に向けられ、ピケティが明らかにしたような中産階層の未曽有の増大へとつながっていった。

政治の基軸はイデオロギーから利益に転換し、政党間の政策面での差異は縮小し（「合意の政治」）、遂には包括政党モデルが一般化した。日本でも高度経済成長を経て、自民党長期政権の下、利益政治が全盛期を迎え、自民党と官僚制との二人三脚という独自のスタイルが成立した。ここでその意味合いを付言しておきたい。先ず、イデオロギー政治と比べ、リーダーによる操作性の余地が少ない。イデオロギー政治は心理的満足感にアピールするが、その測定基準は極めてルーズであり、言い抜けがいくらでも可能である（操作性の余地が大きい）。これはリーダーと有権者の関係が基本的に上下関係という形で構成されていることとも関係している。これに対して、利益政治の世界はリーダーの誤魔化しが効かない（有権者を騙しにくい）。「ないものはない」でしかないことは誰にでも分かる。従って、リーダーと有権者の間に成立する「合理性」は平等な取引関係モデルのそれに近い。利益政治は信頼感の継続的醸成を可能にし、政党基盤の安定化の基礎になる。しかし、一旦行き詰まるといわば誤魔化しが効かず、動きが取れなくなる。従って、利益政治の最大の悩みは経済成長の停滞や失速にある。アベノミクスは未だに日本政治がこのモデルの圏内に止まっていることを示している。

実際、70年代には石油危機が起き、西側民主政の間で経済パフォーマンスに大きな差異が発生し、米英などいくつかの国で動きが取れなくなる状態が現出した（これは「統治能力の危機」という形でテーマとなった）。やがて、経済成長のためには経済活動に対する政府の関与を縮減し（「小さな政府」へ）、市場の手に委ねるべきだとの主張が出てくる。これは19世紀の自己調整的市場という概念の再登場であるとともに、利益政治の「脱政治化」を企図するものであった。この政府と市場との関係の組み換えを争点にしたのが、79年の英国の総選挙と80年の米大統領選挙であった。こうして英米両国は20世紀中葉に確立した政治経済体制から率先して「離脱」した。これは新自由主義というイデオロギーの台頭であり、政治は再びイデオロギー化の道を歩むことになる。この二つの選挙は事実上のグローバリズムの始まりを告げるものでもあった。グローバル化は現実にはかなりの時間差を伴いながら、それぞれに進行した。冷戦の終焉はその中での最も大きな画期をなし、EU統合とユーロの成立など、いくつかの重要なイベントがその過程を彩った。日本も80年代の激しい貿易摩擦や為替レートの激変など、外圧に触発されつつ、官僚制による経済活動の包摂体制や護送船団方式から徐々に離脱した。そして、バブルの崩壊から金融危機に至る過程で、グローバル化の厳しい洗礼を受け、55年体制は崩壊した。

ここで冷戦の終焉とグローバリズムの現実化以後の民主政とかつての西側民主政との差異が焦点になる。そこで現代民主政を西側民主政と区別するために先進民主政と呼ぶことにするが、それというのも、この二つの連続性を惰性的に使い続けることは現代の民主政の実態を明らかにする上でむしろ障害になりかねないし、実際、トランプ政権の登場によって西側という概念は早晩葬られかねない。

先進民主政において、グローバリズムの帰結として先ず注目すべきは利益政治の構造的変容である。資本とビジネスに経済活動のイニシャティブが移り、カネの移動が自由になるなかで、経済合理性に応じたグローバルな投資活動が支配的になり、国民経済という概念が空洞化すると共に、製造業を中心に多くの雇用が賃金の安い地域に大量に流出した。これは労働組合の弱体化に止まらず、中間所得層を支えてきた雇用の喪失を意味した。80年代から始まる経済的・社会的基盤の不安定化と格差の再拡大はその如実な現れである。いわゆるプレカリアートの登場である。かつて政府の規制権限に支えられていた資本と労働との対称性は政府の権限の縮小によって崩壊し、従来の主要アクターはその影響力を失った。その結果、多くの場合において雇用の質の劣化は避けられなくなった。また、かつての政治分析においては政府と諸団体、政党の利益の配分をめぐる分析が中心テーマであったが、政府の役割の縮減によって華々しい利益配分政治はすっかり過去のものとなった。かつて中間所得層を大量に擁していた国々において、社会的・経済的「喪失感」が高まるのは自然というべきである。民主政の変調の根本には利益政治の変調と政治との接点の「喪失感」があることは確かである。「喪失感」が失うべきものを持っていたことを前提にして成り立つことを考えると、今度のグローバリズムに対する「反乱」が米英で起こったことは示唆的である。

グローバリズムは政府の決定によって始まった。その発端は経済運営と西側民主政の掲げる利益政治との両立が困難になったことにあった（アメリカの場合にはそれにベトナム戦争の負担が加わっていたが）。ブレトンウッズ協定からの「離脱」を考えれば分かるように、20世紀中葉の政治経済体制は政府に膨大な権限を与える一方で、国内での複雑な利害調整を義務付けるものであった。そして、「離脱」はそれができなくなったためか、あるいは調整が甚だ困難な事態を突破するワイルドカードとして登場したのであった。こうしたワイルドカードを切ることができたのはアメリカしかなかった。それは固定相場制の維持のために必要な調整コストを既存の枠組みからの自由によって調達した意味を持った。言い換えれば、政府は為替市場の管理責任から解放され、変動相場制への移行によって政策上の自由を手に入れたつもりであった。更に、自国の金融資産の枠に制約されることなく、国際市場から資金を調達して用いることも可能になった。但し、それは全て金融市場の評価に依存するという意味では、政府に対する金融市場の優位を前提にしている。国債は今や格付けを付された債券の一つでしかなく、その膨大な資金の流れの前に政府の抵抗力は無力化し、一挙に国民生活が構造的な危機に陥る危険性に直面している。アジア通貨危機はその代表例である。その意味では政府に対する制約条件の構造が変わっただけで、実質が変化したわけではない。しかし、国際市場で優位な立場を享受できる政府（例えば、基軸通貨国や成長余力があると見られる新興国）は、諸々の赤字を海外からの資金によって補塡することが可能になる。財政赤字を増やしてもインフレになる心配もない。レーガン政権下のアメリカは「双子の赤字（貿易赤字と財政赤字）付き民主政」という、金融のグローバル化を前提にした新しいタイプの民主政を展開した。それは一国体制としての民主政とは異質な「インペリアル・デモクラシー」とでも呼ぶべき新種であった。これは従来の枠組みでは行き詰まった利益政治を、国際金融市場を介在させることによって温存する手法と言うことも出来よう。これに対して日本は旧来の利益政治の外観をなお維持しようとしている典型であるが、日本は自らの財政赤字の単なる膨張によってそれを賄っている。ここに見られる二つの手法の相違は興味深く、こうした形で利益政治の急激な不安定化が一時的に、かつ例外的に緩和されてきたことも見逃せないが、それはあくまで特権的な例外であった。

グローバリズムは時間の推移と共に、金融市場によって代表されるようになった。かつて金融市場は実体経済の補完物と見なされていたが、今や実体経済の数倍の規模を誇るようになった。これが経済の「金融化」である。そして高度な数学的知識を駆使した新しい金融商品などによって金融業は成長産業化し、やがてハイリスク・ハイリターン商品が高額報酬へのインセンティブに支えられて流通するようになった。ウォールストリートは高給の代名詞になり、所得格差の広がりを象徴するようになった。同時に金融市場に起因するバブルとその破裂が頻繁に起こり、金融システムの安定性が脅かされた。その後始末の処理は政府の責任になり、公的資金の投入にも迫られた。多くの有権者の間で高額所得者を救済する政策は甚だ評判が悪い。政府は通貨管理の責任から自らを解き放ち、金融市場に対する規制権限を大幅に放棄しつつも、そのコストは最終的にブーメランのように政府に再び襲いかかってくる。このように先進民主政は金融市場に対して無力であり、巷では「われわれは99％だ」とか「ウォールストリートを占拠せよ」というスローガンが鳴り響く。そして、アメリカの民主政は今や富者が潤沢な資金を用いて政策をコントロールする体制（プラトン・アリストテレス流に言えば、寡頭政）に変わったという指摘には事欠かない。極論すれば、現実は「1％の、1％による、1％のための政治」ではないかというのである。

民主政はポスト民主政になったとも言われることになる。

冷戦後の先進民主政の最もみるべきチャレンジを行ったのはＥＵ諸国であった。１９８９年が自由主義と民主政の勝利の年であるのみならず、冷戦下で冷凍されていた民族主義の解凍でもあり得ること、更には、20世紀最大のテーマであるドイツ問題に決着をつけることなどを念頭に統合の量的（東方への拡大のような）・質的（通貨統合のような）拡大・深化に取り組んだ。事態は順風満帆のように見えたが、リーマン・ショックに続いてギリシアの債務問題に発するユーロ危機が発生し、併せて、中東からの大量の難民の発生やテロ事件など、次々と危機が連鎖的にEUシステムに襲いかかっている。遂には英国のEU離脱という決定にまで至った。ユーロの導入は域内の経済的安定に資すること、更なる統合の推進力になることなどを目標にしていたが、今や債権者団と各国民主政とのせめぎ合い、間接的には民主政同士のせめぎ合いの様相を呈している。ユーロ導入によって為替・金融政策の自由を持てないところに、各国政府は緊縮財政を求められて有効な経済政策の手段を失い、結果的に高い失業率などに見舞われて国民の不満に直面し、かつての利益政治は一部の国を除いて危機に瀕し、既成政党の政権基盤が弱体化している。何やら一世紀近く以前の金本位制の時代に、各国政府が金本位制の維持のために非常な政治的犠牲を払ったことを思い出させる光景である。かつて強大さを誇った欧州の既成政党は利益政治の崩落と共に、その影響力を急速に失いつつある。こうした状況が政治的冒険者に如何に格好のチャンスを提供しているかは、極右・民族主義政党の急速な台頭に如実に現れている。カネのかからない、俗説に依拠した、安易な選択肢によってこれだけの動員が可能になったことは注意を要する。ユーロ危機はいわば自ら生み出した問題であり、自らの再調整によって鎮静化させるしかない。危機は複合的であるが、それらが互いに連動・相乗効果を持たないようにする危機管理能力が求められている。

「1989年の精神」はグローバルな経済自由主義と民主政とを究極の制度として宣言するものであった。それから四半世紀を経て明らかになったのは、この二つの制度・仕組みの間の非調和性である。トランプ政権の誕生は民主政のグローバリズムに対する「反乱」であり、ワシントン政治＝グローバリズム志向の政治に対する「忘れられた人々」の拒否反応である。二つの制度の間に非調和性があるとすれば、新しいコンビネーションのあり方を模索するか、どちらかを否定するしかない。しかしこれは所詮「反乱」であるからはっきりした見取り図があるわけではなく、その目標もはっきりしない。その意味では英国のＥＵ離脱投票同様に、先行きの危うさを心配する向きがあっても不思議はない。問題はこうした「反乱」話にこのように多くの市民が呼応したのは何故かである。

先進民主政は西側民主政の後裔であるのみならず、その遺産の継承者である以上に、その遺産を食い潰すことによって存続してきた。それは端的には利益政治の弱体化の物語に他ならない。そこには格差の発生もあるが、その結果に対する対応の問題でもある。迫りくる第四次産業革命では更に格差の問題は避けられないという。その一方で古き良き時代の思い出が微かに残存し、「喪失感」をかき立て、「忘れられた人々」の灰色の世界が広がる。大メディアにとってこれは無視して構わない、「忘れられてよい」世界である。「１９８９年の精神」の伝道者である大メディアはいつの間にか、リップマンの指摘した「見てから定義するのではなく、定義してから見る」というステレオタイプに自ら陥っていたのかも知れない。しかし、グローバリズムの理念だけで民主政を運営できるという議論にはリアリズムが欠けていた。その半面で、「忘れられた人々」は既成政治の枠組みから離脱し、結果的にウォーラスが指摘したような衝動と本能に身を任せることになる。いわゆる人種主義はその最も素朴な表現形態である。そこでは「アメリカを再び偉大にする」はいつの間にか「白人を再び偉大にする」にすりかわってしまう。「１９８９年の精神」は気がついてみたら、民族主義に乗っ取られていたことになりかねないというのが目下の事態の診断である。

今から百年前、大衆の登場は衝撃を持って受け止められた。百年前は古い世界は大戦争の勃発によって一気に崩壊し、動乱と革命が後に続いた。グローバリズムは西側民主政を徐々に、しかも、確実に侵食し、政治的絆を空洞化させた。グローバリズムがこの根無し草化を進めたことは疑う余地がなく、百年前と同様に膨大な大衆が誕生したのである。いわゆるポピュリズムは偶然の産物ではなく、グローバリズム下の政治経済体制の産物なのである。政治的絆を失った人々にメディアが情報と選択的接触のシャワーを浴びせかけ、政治選択は政策選択からずり落ち、白か黒かのスローガンの選択になる。リップマンが言うように、メディアはステレオタイプを変えることはできず、精々、それを再確認・強化する機能しかないのであれば、メディアの機能は限定的でしかない。そこに再び「操作の政治」の匂いが忍び寄ってくる。実際、「アメリカを再び偉大にする」という場合、偉大さの内容は恐らくいくらでも操作可能であろう。

グローバリズムと衝動・本能への二極分裂ではカタストロフしか展望できない。従って、経済のグローバリズムと民主政という二つの制度の新たな共存可能性を探る以外に道はないが、そのために必要な政治の側の条件は、最初からナショナリズムを振りかざさないことである。何故ならば、グローバリズムに関わる問題は国際的協調によってのみ取り組むことができるからである。この最小限の条件の実現でさえ難しいとすれば、先のような課題との取り組みは前途遼遠であり、それまでは二極分裂の痙攣に見舞われ続けることを覚悟しなければならない。これからのメディアの「合理性」はこの共存可能性問題との取り組み如何によって判断される。歴史からヒントがあるとすれば、利益政治の論理によって衝動や本能のエネルギーをもう一度包摂することである。そのためには現在の利益政治は余りにやせ細っており、このままでは二極分裂に伴う痙攣は容易には払拭できない。その際、市場に直接介入するような形での利益政治ではなく、政府固有の理念やアイデアに基づく利益政治である必要がある。やせ細っているという汚名を返上するためにも。

これはあくまでも一つのスケッチである。メディア状況は実に多様であり、例えば、アメリカと日本を同列に議論することはできない。膨大な部数を誇る中央紙と地域に深く根を下ろしたこれまた膨大な発行部数を持つ地方紙の存在は、日本における世論形成の大きな特徴をなしている。テレビもこれと相似的な構造を持つ。従って、今回アメリカで起こったような事態は起こりにくいといわれている。しかしながら、新聞を読む人が若い世代を中心に着実に減少しつつあることも事実である。併せて、グローバル化の程度の少なさや膨大な財政赤字をものともしない利益政治の温存など、日本特有の事情も考慮に入れて事態を考える必要がある。その意味では日本は「嵐の前の静けさ」というべき状況にいるのかも知れない。

〔参考文献〕

遠藤乾『欧州複合危機』（中央公論新社・2016年）

逢坂巌『日本政治とメディア』（中央公論新社・2014年）

尾上修悟『ギリシャ危機と揺らぐ欧州民主主義』（明石書店・2017年）

佐々木毅『政治学は何を考えてきたか』(筑摩書房・2006年)
シュワブ『第四次産業革命』(日本経済新聞出版社・2016年)
スタンディング『プレカリアート』(法律文化社・2016年)
スティグリッツ『世界の99%を貧困にする経済』(徳間書店・2012年)
スティグリッツ『ユーロから始まる世界経済の大崩壊』(徳間書店・2016年)
谷口将紀『政治とマスメディア』(東京大学出版会・2015年)
ネグリ/ハート『帝国』(以文社・2003年)
ハンチントン/クロジエ/綿貫譲治『民主主義の統治能力』(サイマル出版会・1976年)
ピケティ『21世紀の資本』(みすず書房・2014年)
ポラニー『[新訳]大転換』(東洋経済新報社・2009年)
水島治郎『ポピュリズムとは何か』(中央公論新社・2016年)

新しい時代の波が押し寄せ、現代の民主政は変質を迫られている。それをもたらしている政治的要因はいったい何なのか。さまざまなものがあるだろう。政治指導者、政党、派閥、官僚、圧力団体、市民グループなどなど、主役・脇役・端役といろんな関与の仕方が考えられる。最後は投票で雌雄を決する民主政治では、有権者にどんな影響を及ぼすかがカギを握る。

そのとき忘れてはならないのがメディアの存在だ。新聞・テレビ・雑誌などのマスメディアが中心だとしても、今やネット社会がすっかり定着、SNS（ソーシャル・ネットワーク・サービス、交流サイト）による情報の共有がどんどん広がり、現実政治を動かすところまで来ている。

各論

政治のプレーヤーとしてのメディア

現代の民主主義はメディアなしには成立しない。ところがメディアに従事する者にとっても自らの果たしている役割がどのようなものか、存外、自覚されていないフシがある。さまざまな局面で、政治のプレーヤーになっていることもあまり認識されていない。

政治の観察者ではなく、政治を実際に動かしているプレーヤーという観点から、メディアをとらえなおしてみようというのが、以下の各論の目的である。

第1章　政治過程への影響

1――新聞の影響力

フランスの政治思想家であるアレクシ・ド・トクヴィルが『アメリカのデモクラシー』（松本礼二訳／岩波文庫・第一巻2005年、第二巻2008年／原著・第一巻1835年、第二巻1840年）で新聞に言及した部分から紹介したい。

「たくさんの人々に同じ考えを一度に吹き込むことができるのは新聞だけである。……新聞は……人間が平等で個人主義が恐るべきものであればあるだけ一層必要になる。……新聞は文明を支えるものである」（第二巻上196頁）

「抑圧を受けた市民に身を守る手段は……一つしかない。国民全体に訴えるか、それでも聞いてもらえないのなら、人類に訴えることである。これを行う手段はただ一つ、新聞である。したがって新聞の自由は民主国において他のいかなる国に比べても限りなく貴重である。……新聞は、すぐれて、自由の民主的な道具である」（第二巻下２６７〜２６８頁）

トクヴィルが、１８３０年代に米国を訪れ、そこでの見聞をまとめたのがこの本だ。デモクラシーがきちんと機能するためには政府と個人との中間に結社が必要だとして、新聞をその例にあげる。現在では新聞に加えて、雑誌やテレビ・ラジオなどのマスメディアもそこに加わるのだろう。

新聞は今の世の中で何がおこっているのかという情報を読者に提供するのがいちばん大きな役割だが、トクヴィルがいうようにデモクラシーを支える道具という側面もある。

日本のデモクラシーという文脈で考えると、決して戦後、ＧＨＱ（連合国軍総司令部）から与えられたものではなく、われわれは１００年を超える歴史を持っている。

「明治デモクラシー」（坂野潤治）といわれる１８８０年代の自由民権運動がその最初だ。自由党の機関紙として自由新聞、改進党の機関紙として郵便報知新聞、東京横浜毎日新聞などがあり、激しい論戦をくり広げていた。明治デモクラシーは新聞を抜きにしては語れない。自由民権運動は剣をペンに持ちかえたものでもあったからだ。

１９１０年代から20年代にかけての大正デモクラシーで、新聞はもちろん雑誌が世論形成に果たした役割も見逃せない。『中央公論』に掲載された吉野作造の論文は、運動の理論的な後ろだてになった。

そこにラジオが加わるのは「昭和デモクラシー」ともいわれる政友会と民政党による二大政党の時代からだ。民政党の浜口雄幸首相が初の政策放送をした記録が残っている。

戦後デモクラシーではテレビが新たな担い手に加わって世論がつくられているのは、まさに現在につづく姿である。冷戦の終結・バブルの崩壊によって戦後日本が終わり、連立の時代になって「平成デモクラシー」への模索と重なるように広がってきたのがネットの言論空間だ。

多様なメディアが、さまざまなかたちでデモクラシーを支えてきたといっていい。その中核にありつづけているのが新聞である。

その新聞に変化がおこっている。日本の新聞はどれを読んでも、ほとんど同じといわれたのは遠い昔の話だ。たしかに客観報道で中立公平が基本であるのに違いはない。ところが1990年代初頭の湾岸危機あたりが起点で、特に2012年、自民党が政権に復帰、第2次安倍晋三内閣が発足して以降、新聞の立ち位置の違いが一段と明確になっている。憲法、安全保障、原子力発電所、TPPなどで賛否がはっきりと分かれ、それぞれの立場からの言説を繰り広げている。

有権者がおもに新聞を通じて社会を認識しているなら、そこには異なる日本があらわれていることになる。それは世論の分極化現象をまねき、国民的な合意の形成をむずかしくする結果を招く。

それぞれの新聞によって切りとられた事実が果たして客観的といえるものになっているのかどうか。むしろ新聞自身が世論形成のプレーヤーになっているとみた方がいいのかもしれない。

1 憲法にみる全国紙の立ち位置の違い

いくつかの例をあげてみよう。

まず憲法である。2016年5月3日の憲法記念日の全国紙5紙の社説の見出しをみてみよう。

▼朝日＝個人と国家と憲法と／歴史の後戻りはさせない

▼毎日＝公布70年の節目に／まっとうな憲法感覚を

▼読売＝改正へ立憲主義を体現しよう／「緊急事態」を優先的に論じたい

▼産経＝9条改正こそ平和の道だ／国民守れない欺瞞を排そう

▼日経＝憲法と現実のずれ埋める「改正」を

読売、産経が憲法改正の立場を鮮明にし、日経も改憲の方向だが、朝日、毎日は一線を画する。明言するかどうかはともかくとして現時点での改憲に反対の立場だ。

各紙ともそれぞれすでに憲法についての見解を明らかにしてきており、当然、その延長線上で社論を展開している。

独自の改正案をいちはやく発表したのは読売だ。1993年、憲法問題研究会を設置、社をあげて現行憲法の洗い直しと改正草案作りに取り組んだ。

94年11月3日に改正試案を発表、引き続き2000年5月と04年5月の憲法記念日に、さらに修正を加えた試案をまとめて公表した。11章116条からなっている。焦点の9条については、自衛のための軍隊の保持を明記した（読売新聞社編『憲法改正　読売試案2004年』中央公論新社・2004年）。

同じように改憲論に立つ産経も13年4月26日に「国民の憲法」要綱を発表した。改憲草案は12章117条からなり、「独立自存の道義国家」をうたい、天皇は元首と位置づけるなど保守的な色合いの濃いものになっている（産経新聞社『国民の憲法』産経新聞出版・2013年）。

日経は2000年5月3日に「憲法改革」と銘うって改憲の方向にかじを切った。条文修正を必要とする明文改憲と、基本法制定などの法制度の整備で対応する立法改革の二本立てで、官から民へ、官から政へ、中央から地方への国づくりを進めていこうという内容だ（芹川洋一『憲法改革　21世紀日本の見取図』日本経済新聞社・2000年）。

すでに独自の改憲草案をまとめている読売、産経。方向として改憲の日経。これに対し護憲と言いきれるかどうかはともかく、改憲論議に慎重なのが朝日、毎日である。

毎日は2000年4月から02年10月まで社説で「考えよう憲法」シリーズを掲載、現実と憲法のズレを点検した。それをまとめて03年7月に論説室で『論憲の時代』（日本評論社・2003年）を刊行している。論憲が同社の立場なのだろう。

朝日は憲法施行60年の2007年5月3日の憲法記念日に、憲法60年「社説21　提言・日本の新戦略」として21本の社説を大展開した。「地球貢献国家」をめざし、準憲法的な平和安保基本法で自衛隊を位置づけるなど、踏み込んだ内容だった（若宮啓文『闘う社説』講談社・2008年）。

2 安全保障法制の例

次いで安全保障問題だが、2015年9月に成立した安全保障法制をめぐる各紙の論調を紹介しよう。当然のこととして憲法をめぐる論調の違いを反映したものとなっている。

法律が成立した9月19日前後の全国紙の社説の見出しは次の通りだ。

▼朝日＝安保法案、採決強行／日本の安全に資するのか

▼毎日＝参院委採決強行／民意に背を向けた政権

▼読売＝安保法案成立へ／抑止力高める画期的な基盤だ

▼産経＝新安保法成立／戦争抑止の基盤が整った

▼日経＝どう使うかで決まる安保法の評価

朝日、毎日の両紙は一貫して安全保障法制を批判してきた。とりわけ法案審議の最中、6月4日の衆院憲法審査会に参考人として出席した長谷部恭男・早大教授ら憲法学者が集団的自衛権の行使容認を「違憲」と断じたことが法制への反対論を勢いづかせた。

これに対し読売、産経の両紙は抑止力を高める効果があるとして法制を評価し、賛成の立場から社論を展開した。日経も基本的にこちら側に立った。

こうした各社の見解が分かりやすい形で紙面にあらわれたのが、法案審議の終盤での国会デモの報道ぶりだった。

主催者発表12万人・警察集計3万人を動員した8月30日の反対派のデモを朝日、毎日両紙は1面に写真入りで大きく報道した。読売、産経、日経は社会面で扱った。朝日、毎日の紙面からは、60年安保や68、69年の学園紛争当時を思わせるような熱気が伝わってきた。

朝日、毎日の読者と読売、産経、日経の読者とでは見えている世の中の風景が異なっていたに違いない。新聞は、紙面の扱いがそれぞれの社の価値判断だから当然ではあるが、自らの意見を前面に押し出した紙面づくりをする傾向が強まっているといっていいだろう。

原発政策も、憲法・安全保障問題と同じような構図だ。朝日、毎日が脱原発なのに対し、読売、産経が原発の活用を促す。日経は脱原発ではなく活用派だが「調整と点検」とやや距離を置く。

全国紙5紙の基本スタンスを大胆に言ってしまえば、左右はともかく、朝日・毎日・日経・読売・産経の順に並んでいるケースが多い。

3 全国紙と地方紙

もちろん別の例もある。全国紙と地方紙の違いが際立つケースも指摘しておきたい。TPP（環太平洋経済連携協定）がその具体例だ。

全国紙はこの問題に関しては5紙とも推進派だった。これに対しほとんどの地方紙がTPPに批判的だった。

２０１５年10月、ＴＰＰ交渉が大筋合意に達した際の社説を比較してみると一目瞭然である（毎日新聞２０１５年11月３日付朝刊）。

全国紙の見出しは

▼朝日＝域内の繁栄と安定の礎に

▼毎日＝新「貿易立国」の姿描け

▼読売＝巨大貿易圏で成長底上げ図れ

▼産経＝「自由」基盤の秩序築いた

▼日経＝ＴＰＰテコに世界経済の活性化を

——とおおむね評価している。

地方紙は

▼北海道＝日本農業のあすが見えぬ

▼河北新報＝内容を精査し国民的議論を

▼東京＝争いと格差の克服を

▼西日本＝説明不足を取り戻すためには

もっと違う例もあげてみたい。沖縄である。基地問題で県と国との対立がつづくひとつの理由として、政府関係者はしばしば地元紙の影響力を指摘する。琉球新報と沖縄タイムスの２紙が沖縄県内で圧倒的なシェアを誇っており、地元に寄りそった紙面を徹底しているためだ。
全国紙のうち沖縄で印刷しているのは日経だけで、他紙は東京か福岡から空輸で新聞を持ち込むしかなく、朝刊が昼にしか届かない。地元紙と勝負にならないのである。

そこらの事情をあからさまに語っていた政治家がいた。政治学者から参院議員に転身し、前の東京都知事である舛添要一氏だ。その著書『憲法改正のオモテとウラ』（講談社現代新書・2014年・102頁）に次のようなくだりがある。当該紙からは反論・異論があろうが、政治家のひとつの見方を示すものとして紹介する。

「日本の新聞を論じるとき、中央紙ではなく、地方紙、いわゆる地元の新聞の論調が世論に大きな影響を及ぼすことを忘れてはならない。私も、25年前に北海道の白老町に家を持って、週末をそこで過ごしていたが、『道新』（北海道新聞）の影響力の強さ、そしてその論調が、一昔前の朝日新聞といった感じであることに驚いたものである。どうりで、この大地では社会主義的雰囲気が強く、保守勢力が弱いのだと合点した次第である」
「近年、とりわけ小泉劇場以来、テレビの影響力が増して、新聞の世論形成能力が相対的に低下したが、それでも、住民に身近な地域紙の影響力は侮れない。たとえば、沖縄では、沖縄タイムスと琉球新報が二大地元紙であるが、この二紙の論調と戦う保守勢力は大きなハンディをかかえている」

4　新聞の変質の理由

では、なぜそうした論調の違いが際立ってきているのだろうか。いくつかの理由が考えられる。

第一は政権との距離である。とりわけ保守の色合いをはっきりさせている安倍晋三内閣。憲法改正が党是の自民党、改憲が宿願の安倍首相と、すでに改憲試案を発表している読売、産経とでは基本的な方向性は同じだ。その延長線上にある安全保障問題で両紙が政府方針を支持するのは自然な流れだ。

これに対し、権力のチェックを主眼とする朝日、毎日が安倍内閣と一線を画し、批判を繰りひろげるのもまた自然な流れだ。とりわけ野党の力が弱く自民党内でも「安倍一強」といわれる中でのメディアの役割を意識している面もあろう。

第二はネットの言論空間との絡みである。ネット上では賛成・反対の立場からそれぞれ極めて明快な意見が飛びかい、しばしばののしりあいが演じられる。こうした強い意見に新聞も引きずられているところがあるのではないだろうか。

新聞にとって客観報道は生命線ではあるが、事実を事実として淡々と報じ、中立的なものの言い方に徹することに読者の側が物足りなさを感じており、それに引きずられる側面である。

第三は若者を中心とした深刻な活字離れである。そこでまず大事なことは長年の読者層であるコア読者の囲い込みだ。それには思想信条を同じくする層に向けて発信するのが効果的だ。同好の士が共感する紙面づくりである。一般紙のスポーツ新聞化が進んでいるといった指摘もあながち的外れではないだろう。

メディアが横並びで同じような主張をするのではなく、論調で競うのはおかしなことではない。新聞が一色ではなく、それぞれの拠って立つところから多様な言論を繰りひろげるのは民主主義にとっても必要なことだ。その意味からも新聞がプレーヤーであって不思議ではない。

しかし事実認識があまりに違ってくる結果、なにがおこるのかは冷静に考えなければならない。間違いなくいえることは、特定の新聞だけしか読んでいない人の間では、見える世界が異なっていて、お互いの議論が成立しなくなるということだ。政治に合意形成への努力を求めてもその前提が崩れていてははじまらない。

二・二六事件の直後、石橋湛山が『東洋経済新報』の社説で事件への反省をこめて「不祥事件と言論機関の任務／建設的批判に精進すべし」と題して次のように書いている（１９３６年３月７日号／『石橋湛山全集』第10巻・東洋経済新報社・２０１１年・19～21頁）。

「今や社会各機関の伝統と勢力が崩れ落ちて、最も感化力のあるのが言論機関だ。それは善くも悪くも現代社会において最大なる勢力だ」

「言論機関の任務は、極端なる議論に対して中和性を与え、大衆に健全なる輿論の存在を知らしむる点に存する。社会は現代の日本の言論機関にこれを期待することが出来るだろうか」

「新聞雑誌は過去における自己の言説行動を顧みて、自から責任を痛感せねばならぬ。しかして今後は真面目に社会の建設的批判に精進すべきである」

現在、日本の新聞はその役割を果たしているだろうか。自らの胸に手をあてて顧みたい。

2――雑誌の影響力

総合雑誌が世の中を動かした時代があった。大正デモクラシーはおそらく雑誌からはじまった。戦後デモクラシーもそうだ。「論壇」とよばれる言論の空間が存在し、そこでの言説が政治社会に影響力を持った。総合雑誌は政治のプレーヤーの一員だった。ところが昭和が去り、時あたかも米ソ冷戦がおわり、イデオロギー的な対立に終止符が打たれると、どんどん存在がかすんでいった。むしろ政治のプレーヤーに躍り出てきたのは週刊誌だった。スキャンダルをあばき、政治的な攻撃のつぶてがそこから飛んできた。そして現実政治を、政局を動かすものとして今や無視できない存在になっている。

1 総合誌の時代があった

一時代を画した雑誌の論文として広く知られているのが、『中央公論』1916年（大正5年）1月号に掲載された吉野作造の「憲政の本義を説いて其有終の美を済すの途を論ず」である。大正デモクラシーの理論的支柱となった。

デモクラシーを「民本主義」と訳し、政治の目的は「一般民衆のため」であり、政策の決定は「一般民衆の意嚮に置くべき」だと指摘。そのためには納税額などで参政権が制限されることのない普通選挙が必要であると訴えた。下院に一般民衆の意向が反映されれば、その多数党が内閣を組織するのが当然だとも主張した（岡義武編『吉野作造評論集』岩波文庫・1975年）。

吉野はこの論文だけでなく「民衆的示威運動を論ず」（14年4月号）、「民本主義の意義を説いて再び憲政有終の美を済すの途を論ず」（18年1月号）なども『中央公論』誌上に発表した。

総合誌が世論形成で大きな役割を果たし、普通選挙の実現、24年から32年（昭和7年）までつづく政友会と民政党による二大政党制の下地づくりをしたといえる。

戦後デモクラシーを引っ張ったのも、岩波書店の『世界』や『中央公論』などの総合雑誌だった。とりわけ敗戦直後は『世界』の影響力が大きかった。丸山眞男の論壇デビュー作で、その名が広く知られるようになった「超国家主義の論理と心理」が『世界』に掲載されたのは敗戦の翌年の46年5月号だった。軍国主義の精神構造は「天皇への距離」によるなどと分析、当時としては極めて斬新な視点からの論考は驚きをもって読者に受けとめられた。

丸山自身が「これが発表されるとすぐさま当時まだ半ピラの朝日新聞に批評が載り、それをきっかけに自分ながら呆れるほど広い反響を呼んだ」とコメントしているほどだ（『超国家主義の論理と心理　他

八篇』古矢旬編／岩波文庫・2015年・37頁)。

丸山はその後、ソ連など社会主義国も含めた全面講和か、米英など西側諸国との単独（片面）講和かの講和条約をめぐる論争で全面講和の側に立つなど、60年安保まで進歩主義の旗頭的な存在だった。岩波書店は『世界』編集長の吉野源三郎が中心となって平和問題談話会をつくり、丸山のほか清水幾《いく》太郎《たろう》、久野收《おさむ》、都留重人らを組織し全面講和のキャンペーンを展開、ときの吉田茂内閣と全面的に対決した。

竹内洋・京大名誉教授が指摘するように「『世界』の時代というものがあった」(『革新幻想の戦後史』上・下／中公文庫・2015年・上95頁)。総合雑誌が政治のプレーヤーだったのである。

雑誌はその後どうなったのか。竹内によると、60年安保のあとの時代の変化は、『世界』の低迷、『中央公論』の躍進をもたらす。『中央公論』には高坂正堯（国際政治学）、永井陽之助（政治学）ら現実主義者と呼ばれる新しい世代の執筆者が登場、論壇を引っ張り、政治にも影響を及ぼしていくことになる。

現在、敗戦直後から60年・70年安保、少なくとも昭和の時代にはあった、革新的・進歩的言説が支配する「論壇」とよばれた世界は、ほとんどなくなった。その意味でプレーヤーとしての総合雑誌の時代はもはや終わっている。

むしろ現実政治への影響力という点では、80年代以降になると保守系のオピニオン誌である『諸君！』『正論』『Ｖｏｉｃｅ』の方があるかもしれない。保守勢力の拡大にはこうした雑誌の存在が欠かせなかった。

2 月刊誌が内閣の帰すうを決めた

雑誌が政治を動かした典型的な例は『文藝春秋』74年11月号だ。田中角栄首相の金脈問題を報じ、これが引き金となり田中首相の退陣につながったからだ。立花隆「田中角栄研究――その金脈と人脈」と、児玉隆也「淋しき越山会の女王」の2本の記事である。戦後政治史に残る記念碑的なリポートだ。田中はその後76年ロッキード事件で逮捕されるが、「田中角栄研究」は田中の政治資金の捻出のやり方を追跡したものだ。いわゆる田中ファミリー企業を通じた錬金術を明るみに出したもので、田中金権政治への批判に火をつけるきっかけとなった。

「淋しき越山会の女王」は田中の女性秘書で金庫番だった佐藤昭の半生記をつづった。政界関係者の多くが知りながら、明らかになっていなかった権力者の実相をプライベートな領域に踏み込んで明るみに出した。田中にはむしろこちらのリポートの方がショックを与えたとされる。

当初、新聞はこの『文藝春秋』の記事に触れた報道をしていない。しかし74年10月22日、外国人記者クラブで田中が質問攻めにあい、田中が立ち往生したところで記事にした。

翌23日の朝日新聞をみた。朝刊1面トップで、外国人記者クラブでの質疑を踏まえて、田中金脈追及の動きが加速、自民党内で批判が高まり、政局に重大な影響は必至だとの記事を掲載している。2面には、なんと『文藝春秋』の「田中角栄研究」の記事内容の骨子を載せている。極めて異例なことだ。3

面トップでは、外国人記者クラブでのやりとり詳報を掲載した。

新聞にとって雑誌が報じた内容をそっくりそのまま引用して記事にできるかといえば、事実確認ができていない限りはまず無理だ。要は新聞各社とも取材ができていなかったのである。『文藝春秋』の調査報道に完全に敗れたのだ。当時の新聞紙面をみると「『文春』問題」といった記述のあることがそれを物語っている。

外国人記者クラブは格好の場所となった。ここでの発言を通じて新聞がようやく記事化できた。

首相退陣とは逆に首相誕生に結びついたものもある。

細川護熙が『文藝春秋』92年6月号に発表した「『自由社会連合』結党宣言」がそれだ。参院議員、熊本県知事をへて国政復帰をめざしていた細川は「『あげるべき時に声をあげなかった』わが祖父・近衛文麿の悲劇に、深く学びたい」として新党の旗揚げを宣言。基本政策として「立法府主導体制の確立」「生活者主権の確立と選択の自由の拡大」「地方分権の徹底」などを柱にかかげた。学習院大の香山健一教授がブレーンだった。

党名は公募で、日本新党と定め、同年7月の参院選の比例代表で細川のほか小池百合子（現・東京都知事）ら計4人が当選、新党ブームのさきがけとなった。翌93年、宮沢喜一内閣不信任決議が成立、衆院解散・総選挙で日本新党は大きく躍進、非自民連立の細川内閣の誕生となった。そのはじまりが月刊誌だったのである。

3 週刊誌が政局のプレーヤーになった

週刊誌報道がきっかけで首相退陣に発展する「事件」がおこったのは、リクルート事件の後の混迷がつづいていた89年のことだ。

6月、事件の責任をとって退陣した竹下登首相の後継者となった宇野宗佑首相に女性スキャンダルが持ちあがった。内閣発足3日後に『サンデー毎日』が元愛人の手記を掲載した。

新聞はこの時点で記事化しなかったが、社会党の久保田真苗参院議員（細川内閣で経済企画庁長官）が参院本会議で質問したところで火がついた。それも米ワシントン・ポスト紙の報道を引きながらのものだった。

「残念ながら我が国には、金で女を買うのは男の甲斐《かい》性という風土がなきにしもあらずですが、首相自身にかかわる問題が米国の有力紙ワシントン・ポストにもこんなに大きく掲載されました」（ワシントン・ポスト紙は「セックス・スキャンダルが宇野首相を直撃」との大見出しの記事を社会面に首相の写真入りで掲載）

「国民、とくに女性は恥ずかしい思いでこれを見ています。一国の国際的信用問題にもなっています。事実でないとおっしゃるなら首相の立場ではっきりと抗議すべきです。抗議なさいますか」

宇野首相は「公の場でお答えするのは差し控えさせていただきたい」と答えるにとどめた。しかし女性問題は鎮火するどころか、火の手はどんどん広がっていった。

7月の参院選では、リクルート事件・消費税導入・農産物自由化に宇野首相の女性問題を加えた「逆風4点セット」で自民党は歴史的な大敗を喫し、宇野首相は退陣した。このときからつづいた単独過半数割れを自民党が回復したのが2016年の参院選だった。

このあとも90年代後半、自民党と新進党が対立していた当時はしばしば『週刊現代』や『週刊ポスト』などの週刊誌に相手方をおとしめるような記事が掲載され、週刊誌をつうじた場外戦が繰りひろげられた。

小泉純一郎内閣当時の02年には「週刊誌政局」ともいえる状況があらわれた。『週刊新潮』の秘書給与の詐取疑惑報道で社民党の辻元清美が衆院議員を辞職した。次いで『サンデー毎日』が報じた政策秘書が公共事業にからんで金銭を授受した疑惑で井上裕が参院議長を辞任、議員も辞めた。『週刊文春』『週刊新潮』がそろって報じた秘書給与疑惑で田中真紀子も議員辞職した。

第2次安倍晋三内閣でも、14年10月、『週刊新潮』が小渕優子の政治資金処理のずさんさを指摘、経済産業相の辞任につながった。

16年1月には『週刊文春』が報じた事務所の資金問題で、甘利明が経済財政相を辞任した。2月には自民党の若手衆院議員同士で結婚していた宮崎謙介がやはり『文春』の不倫報道で議員辞職した。

週刊誌報道に端を発し、ポストを失い政治的なダメージを受ける政治家の例は、それこそ枚挙にいとまがない。今や週刊誌は政局をも動かすプレーヤーになっている。

4 なぜ今、週刊誌なのか

スキャンダルが週刊誌に流れる理由はいくつかあげられる。

第一に新聞やテレビに比べて、週刊誌が自由な立場で報道できるためだ。もちろん、根も葉もないこと、ひぼう中傷のたぐい、単なるうわさ話を掲載すれば、名誉棄損に当たり訴訟になる。そうだとしても、新聞よりは掲載の基準がゆるやかであるのは間違いない。

とりわけスキャンダルについて、なお不確定な要素が残る情報や、ややあやふやさがある情報についても、それを明るみにだすことで世の中が動くと考えれば記事化するわけだ。それは週刊誌情報といったいわれ方にもあらわれているが、新聞が載せきれないものを補完している面もある。

ただ新聞広告の見出しというかたちで、まず情報が伝わっていくところが週刊誌と新聞の相互作用といえる。その見出しが得てしてセンセーショナルなのは、ビジネスの要請によるものだろう。

第二に週刊誌が政治における情報戦の場を提供しているからだ。敵対する勢力にダメージを与えるための情報を流すのは常とう手段だ。前項で紹介した２００２年の週刊誌政局など情報をリークしているフシがうかがえる。

政敵をひきずりおろし、権力闘争を有利にすすめるため、さまざまな手が使われるのは、しばしば見かけられる現実政治の風景だ。

ではその情報はどこから漏れるのか。おそらく権力を握っている側から、逆の側から、組織内の不満分子からなど、さまざまだろう。週刊誌へのいわゆる「たれこみ」情報である。

加えて、新聞・テレビの取材記者に対する週刊誌側からのアクセスもある。新聞・テレビでは報じられないが、週刊誌なら掲載できる情報というものがあるのは著者（芹川）の経験からもいえる。

もうひとつは2009年の政権交代と12年の自民党の政権復帰を通じて、国会議員の秘書が与野党間で行き交ったことで双方の情報がつつぬけになった面がある。ある自民党首脳は週刊誌への情報漏れが目立つ理由として、その点を指摘していた。

5 週刊誌の功罪

間違いなくいえることは、週刊誌が権力チェックの役割を果たしており、政治に緊張感を与えていることだ。政治や行政の透明性を高め、権力の独走や横暴への抑止効果が働いているといえる。結果として、新聞・テレビとの役割分担ができあがっている。

新聞・テレビでは取り上げるのがむずかしい本音や裏の情報を、週刊誌を通じてオープンにしているとすれば、出来事や人間関係の実相を伝えるものとして意味がある。

しかしそこから同時に問題点も明らかになってくる。情報による叩き合い、あからさまな情報戦が有権者に何をもたらすかということだ。要は政治不信をもたらし、ひいてはシニシズム（冷笑主義）、ニヒリズム（虚無主義）につながるということだ。

デモクラシーのためには一部による専横な権力行使を許さず情報を公開するのはもちろん大事だが、すべてのものを満座の前にさらすことによりデモクラシーの大敵であるシニシズムやニヒリズムを助長するという皮肉な結果も生むということはお互い知っておいていいかもしれない。

3——テレビの影響力

ジャーナリズムとしてのメディアの代表選手はなお新聞かもしれない。だが一般への影響力という点では今やテレビだろう。硬派のニュース番組よりもむしろ娯楽的な要素を盛り込んだやわらかいニュースや、ワイドショーなどによって、有権者のイメージが形成され社会の空気ができあがる。視聴率がビジネスに直結するテレビでは、どうしても視聴率優先で大衆迎合的な要素をはらむのは否定できない。そこをどう乗りこえていくか、テレビがジャーナリズムの一翼を担うメディアとして常に問われているところだ。

1 ラジオの時代

まずテレビの前史であるラジオの時代からみていきたい（佐々木隆『シリーズ日本の近代　メディアと権力』中公文庫・2013年・400〜408頁）。

ラジオ放送がはじまったのが1925年（大正14年）。首相として最初にラジオを使ったのは浜口雄幸首相だった。29年（昭和4年）8月、「経済難局の打開について」と題して節約・景気回復を訴えた。30年10月には、各国の批准が終わったところでロンドン海軍軍縮条約に関し深夜にラジオを通じて直接国民に語りかけた。フーバー米大統領、マクドナルド英首相が浜口首相につづき、初の日米英同時放送となった。一種のパフォーマンスとしても、浜口は放送のもつ意味を評価、先見の明があった。

ラジオがその速報性をいかんなく発揮したのは戦争である。満州事変の勃発の際、初めて臨時ニュースが流れた。31年9月19日午前6時30分のことだった。

それから10年。41年12月、運命のときがやってくる。

「臨時ニュースを申し上げます。臨時ニュースを申し上げます。大本営陸海軍部、12月8日午前6時発表。帝国陸海軍は、本8日未明、西太平洋においてアメリカ・イギリス軍と戦闘状態に入れり」

戦争はラジオから伝わって来たのだった。

そして戦後もラジオからはじまった。

45年8月15日正午、ラジオから時報が流れた。日本放送協会の放送員（アナウンサー）の緊張した声が続いた。

「全国の聴取者の皆さまご起立を願います。……謹みて玉音をお送りします」。君が代が奏楽され、その後――

「朕深く世界の大勢と帝国の現状とに鑑み非常の措置を以て時局を収拾せんと欲し茲《ここ》に忠良なる爾臣《なんじ》

民に告ぐ……時運の趨《おもむ》く所堪え難きを堪え忍び難きを忍び以て万世の為に太平を開かんと欲す……爾臣民其れ克《よ》く朕が意を体せよ」

しかし、多くの人がその内容を正確に理解できなかった。それに続く放送員の解説で戦争に敗れたことが分かった。

終戦の「ご聖断」は10日未明。ポツダム宣言の受諾は14日。15日の朝刊は差し止めになった。玉音放送をまっての午後の配達だった。終戦を伝える紙面だ。ラジオと新聞を通して、人々は時代の終わりを知った。

あまり知られていないが、もうひとつの玉音放送があったのも記憶にとどめておいていい。46年5月24日、米よこせデモをおさえようとするもので、「食糧問題に関するお言葉」である。

「全国民においても、乏しきをわかち苦しみを共にするの覚悟をあらたにし、同胞がたがいに助けあって、この窮況をきりぬけなければならない」

2 テレポリティクス前史

テレビの放送がはじまったのは53年。59年の皇太子殿下の成婚パレード中継がテレビ普及のひとつのきっかけになる。翌60年の日米安保条約改定に反対する国会デモ、社会党・浅沼稲次郎委員長の刺殺事件など、テレビの画面に映し出される映像は衝撃をもってお茶の間に伝わっていった。

新たな展開はテレビとともにやってきた。60年安保が典型例である。なぜ国会の周りを十重二十重と取りまくデモの波がおしよせたのか。人々を駆りたてたものは何だったのか。その役割を担ったものがテレビだった。

街頭や飲食店で見るものだったテレビがお茶の間に普及した。ニュース映画でしかうかがい知れなかった国会やデモなど政治の現場がリアルタイムで伝わってきた。

テレビによる臨場感・緊迫感が時代のムードやブームをつくりだしていったのである。

新聞はむしろ抑制的だった。60年6月17日、在京7紙がそろって「共同宣言・暴力を排し議会主義を守れ」を出した。「民主主義は言論をもって争わるべきものである」「暴力を用いて事を運ばんとすることは、断じて許さるべきではない」――。デモの沈静化を呼びかけていた。

読者が情報の内容を読みとり、そこから物事を考えていくのが活字メディアだとすれば、視聴者にある種の印象を刻み込んでいくのが放送メディアだといえる。それが行動にまでつながっていきやすいのがテレビである。

時代は下るが、73年秋の第一次石油危機後のトイレットペーパーの買い占め騒ぎがまさにそうだ。大阪千里ニュータウンのスーパーからはじまり、商品が空の棚や行列を報じることによって、不安心理を刺激しパニックをおこさせた。２０１１年の東日本大震災の時も似たような現象がおきた。

テレビの影響力を選挙で思い知らされたのが62年の参院選だった。ＮＨＫ番組「私の秘密」のレギュラー出演者だった藤原あきが全国区でトップ当選した。その6年後の68年の参院選の全国区では、いわゆるタレント候補が大量当選した。作家として名前の売れていた石原慎太郎、タレントの青島幸男、横山ノック、64年の東京五輪で金メダルを獲得した女子バレーの監督だった大松博文らだ。

佐藤栄作首相の退陣会見もメディア史に残るものだ。72年6月、自民党の両院議員総会で退陣を表明したあと、首相官邸の記者会見室に入ってきた佐藤は、新聞記者が大勢いるのを見て声を荒らげた。

「NHKはどこにいる。新聞記者は出ていってくれ。偏向的な新聞はきらいだ。ボクは直接国民と話したいんだ」

だれもいない会見室で佐藤は1人机の前にすわり、退陣の弁を述べる様子がNHKによって放映された。

その後も、三木武夫首相はNHK番組「総理に聞く」や民放番組「総理と語る」の場を利用し、テレビを通じて自民党内の「三木おろし」の動きに対抗した。中曽根康弘首相は記者会見でテレビカメラに向かい、パネルを使い外国製品の輸入促進を訴えるなど、少数派閥で党内基盤の弱いリーダーは永田町の外に向かって発信し、世論の支持を得ようとした。

テレビの政治報道を大きく変えたのは75年のENG（Electronic News Gathering）の導入だった。ハンディ・カメラと小型VTRを使って収録するやり方で、国会での質疑の映像がすぐさま、取材現場から会社に送られ、たちまちのうちに放送で流すことが可能になった。

それまでは記者会見や国会質疑の映像はフィルムに撮影し、それを会社に運び、現像、編集という作業をへていたので、放送するまでに最短でも1時間はかかったという。

ENGが威力を発揮したのは79年秋、大平正芳首相と福田赳夫前首相で党内を真っ二つに割った権力闘争に発展した「40日抗争」のときだった。福田が日になんども自派の担当記者と懇談し、情報を発信。大平はこれに対抗してまず朝、東京・瀬田の私邸を出るときに、夕方は首相官邸を出るときか私邸に着いたときに、テレビカメラの前で首相番記者の質問に答えた。

それがENGシステムによって、ただちに昼や夜のニュースで放映された。著者は当時、大平首相番としてそのやりとりをカバーしていたが、テレビのあまりの速報ぶりに驚いた記憶がある。

国会審議にテレビが影響していたのは著者自身の取材経験からもいえる。日曜朝のNHK番組「国会討論会」(57年~94年/それ以降は「日曜討論」)がある。自民党と野党(社会・公明・民社・共産)の幹事長・書記(局)長らが出演して議論を繰りひろげる。政治家は週末に選挙区での日程があるため、金曜日に番組を収録するケースが多かった。

国会が紛糾しているときなど、番組では与野党幹部が激しく応酬、真っ向から対立している場面がしばしば映し出された。ところが視聴者=有権者へのアピールが終わり、休み明けの月曜になると、与野党間で局面打開の話し合いが進み、国会が正常化するのである。

3 テレポリティクスの時代

ここらまでがプレーヤーとしてのテレビの前史である。テレビの影響力が政治家にも自覚されてはいたが、まだ実際にテレビ番組で政局が動くとは思っていなかった。

その転機となったのが91年8月18日に放映されたテレビ朝日系列の「サンデープロジェクト」(89年~2010年)だ。加藤紘一、山崎拓、小泉純一郎のいわゆるYKKがテレビカメラの前で本音を語った。秋の総裁選を前に、3氏がそろって当時の海部俊樹首相の続投阻止に動く考えを明確にした。

毎日新聞の翌19日付朝刊は次のように報じた。

――3氏は海部首相について、「リーダーシップに問題があり、国際的に日本の立場がぐんぐん低下している」(加藤氏)、「家庭でいうと坊やみたいなところがあり、父親のような甲斐性があるかどうか、頼りない。(海部)人気は竹下派が動かす操り人形の人気だ」(山崎氏)、「見通しが悪く、政治状況の把握が拙劣だ」(小泉氏)と辛らつに批判――

新聞もテレビでしゃべる政治家の発言を無視できなくなった。ニュースが出た以上は記事化せざるを得なくなったのである。

政治記者の取材には、公式の記者会見/記事にできるオンレコ懇談/記事にはできないオフレコ懇談といった区分けがあり、本音・真相を聞き出そうとしていわゆる「夜討ち朝駆け」をしているわけだ。テレビの前でその垣根を取っ払ってしまうような、あけすけな発言が飛び出してくれれば、報じないわけにはいかなくなる。

「日曜の朝、政治が動く」とまで言われるようになったのは日曜午前10時から「サンデープロジェクト」、それに先立つ9時からNHK「日曜討論」、7時半からフジテレビ系列「報道2001」(92年〜08年/それ以降は「新報道2001」)と、政治をコンテンツとする番組で、政治家がどんどん発言するようになったからだ。

93年、55年から38年間つづいた自民党単独政権に終止符を打った非自民連立の細川護煕内閣の誕生も、テレビが政治のプレーヤーになったことを示すものだった。テレポリティクスという言葉が使われはじめたのがこのころだ。

細川政権を誕生させたのは、「サンデープロジェクト」の司会者だった評論家の田原総一朗と、同じテレビ朝日系列の午後10時からの「ニュースステーション」(85年〜04年)の進行役だった久米宏で、「久米・田原連立政権」とまで言われた。

というのは、テレビ朝日の椿貞良・取締役報道局長が93年9月の日本民間放送連盟の会合で、細川政権を誕生させることになる6月の衆院選報道にからんで「非自民政権が生まれるよう報道せよ、と指示した」と述べていた、と産経新聞が報じ一大事件に発展したからだ。テレビ朝日は椿報道局長を更迭、野党・自民党は国会で証人として喚問、椿氏は「荒唐無稽だった」と釈明した。

テレビ政治の転機は2001年の小泉純一郎首相の登場とともにやってくる。自らが進めようとする改革に難色を示す自民党の面々を「抵抗勢力」と呼んで、善悪二元論による対立の構図をつくりあげた。それをテレビのワイドショーが取り上げ、圧倒的な支持を集めた。「ワイドショー政治」と呼ばれた。

もうひとつの小泉流は「自民党をぶっ壊す」のように、短い言葉で言い切ってしまうワンフレーズ(一言)の巧みさにあった。テレビでいえばコマーシャルの一区切りの時間である15秒以内、新聞でいえば見出しにあたる言葉を発する。とくにテレビの場合は短ければ短いほど使いやすく、繰り返し流すことができる。「ワンフレーズ・ポリティクス」と言われた。これは短く印象的なフレーズを駆使する「サウンド・バイト」という手法でもある。

その集約というべきだったのが05年の郵政選挙のときだ。自民党として郵政民営化に反対する候補者を公認せず、対立候補を「刺客」として擁立、ワイドショーをはじめとしてテレビの話題を独占した。見世物としての選挙になった。劇場型政治そのものだった。

09年、民主党が政権の座についた衆院選も「政権交代。」「国民の生活が第一。」という民主党の分かりやすいキャッチフレーズが自民党を圧倒した。民主党政権の自滅に向けての一コマとしては、たとえば11年の東日本大震災のあと、松本龍復興相が被災地に入り、村井嘉浩宮城県知事と会談した際に、知事を叱責した場面が放送され、復興相の更迭に発展するなど、テレビ絡みのものもあった。

自らの発言について復興相は「オフレコだ。書いたらその社は終わりだから」とメディアに言い放ったものだったが、それを地元の放送局が流したことで問題化した。テレビが政治のプレーヤーとなった一場面だ。

政治過程におけるテレビの影響力は、伝統的できまじめなハードニュースによるものより、娯楽志向の強いソフトニュースによるものの方が大きくなっているのは否定できない。そうした情報と娯楽が一緒になった番組への政治家の出演も目立つ。党幹部への階段をのぼっていくためには、テレビに出演し知名度をアップするのが近道ととらえる政治家がいるためだが、政治家の芸能人化が進んでいる点には問題があるのは間違いない。

テレビのビジネスモデルは視聴率を基本に成りたっている。このため視聴率を取ろうとすれば、どうしても各局とも横並びで洪水的な報道になってしまう。視聴率至上主義は視聴者・有権者の志向にあわせる結果となり、ポピュリズム（大衆迎合主義）に流れるおそれがある。

もうひとつ気をつけなければならないのは、ワイドショーのコメンテーターなどにしばしばみられる傾向だが、政治的な駆け引きや取り引きの不透明さを必要以上に指摘したり、訳知り顔に政治をそもそもおぞましいものと言い放ったりすることだ。それがひいては政治不信を助長、結果として政治を根底から突き崩していく役回りを演じているのは知っておいてもらう必要がある。

4――ネットの影響力

若者を中心に活字離れが進む。テレビの視聴時間も減少傾向にある。メディアの世界では、今やネットが主流になりつつある。スマートフォンを常に携行し、スマホで社会につながっている若者たちの姿がそこここに見られる。当然、政治の世界も、ネットとのかかわりがどんどん深くなっている。ネットで政治が動く時代が訪れている。ところがネットの言論空間はとかく極論に走り、集団分極化を招きがちで、危うさがあるのも否定できない。プレーヤーとしてのネットをどう受けとめていくのか、これからの政治のあり方ともからむ難題である。

1 加藤の乱と偽メール、尖閣ビデオ流出事件

日本でネットが権力闘争とからんだ最初の例は「加藤の乱」である。故加藤紘一・元自民党幹事長が2000年11月、森喜朗首相の退陣を求め、野党が提出した内閣不信任決議案の採決に欠席することで不信任に持ち込もうとして不発におわったクーデター計画だ。

11月はじめ、読売新聞主筆の渡邉恒雄らとの会合で、加藤が12月に想定されていた内閣改造について「森首相の手ではやらせない」と発言したことが「森おろし」の動きとみられ、波紋を広げた。

とくに加藤が自らのホームページ上で「内閣不信任案の採決に欠席することもあり得る」と倒閣宣言

に踏み込み、メッセージを発しつづけた。するとホームページのアクセス数が急増、応援メールも殺到した。

不信任案採決当日の11月20日にはアクセス数は10万件を超え、数回、サーバーがダウンしたという。加藤自身「ネットを通じて『民意』というものが具体的に現れた最初の現象であった」と振り返っている（『新しき日本のかたち』ダイヤモンド社・２００５年・１７０頁）。

もうひとつ、忘れることができないのが２００６年の民主党の偽メール事件だ。06年2月の衆院予算委員会で民主党の永田寿康が前年05年の衆院選の際、ライブドア社長の堀江貴文が社内メールで、自らの出馬にからんで自民党の武部勤幹事長の二男の口座に選挙コンサルタント料として３０００万円を振り込むように指示した、として追及した。

ところがこのメールは偽物と判明。06年3月初め野田佳彦国会対策委員長が責任を取り辞任した。３月末には前原誠司代表が辞任表明に追い込まれた。永田は09年に自殺している。ネットの怖さを思い知らせた事件だった。

尖閣ビデオ流出事件も象徴的なできごとだ。10年9月、尖閣諸島沖で中国の底引き網漁船が海上保安庁の巡視船に体当たりする事件がおきた。中国人船長と船員を公務執行妨害で拘束、船長については逮捕状が執行されたが、日中関係を考慮するとして、船長は釈放され帰国した。

海保が撮影していたビデオの存在が問題となり、政府は日中関係の悪化を配慮して非公開の方針をとっていたが、衆院予算委員会での要求をうけて秘密会で大幅に短縮し編集したものを公開した。ところが海保の職員が事件からおよそ2カ月後に神戸のネットカフェからユーチューブ（YouTube）に投稿、中国船が巡視船に体当たりする生々しい映像が一気に広がった。不都合な部分をカットしたり、あたりさわりのないよう情報を操作しようとしても、ネット環境さえあれば不特定多数の人々に、ありのままの情報が伝わる世の中になったことを示した。

これにより当時の民主党政権の危機管理のまずさが批判される事態となった。さまざまな要因が積み重なって民主党政権は崩壊に向かっていくが、そのひとつとして記憶される出来事にもなった。

情報伝達の機能ということでいえば、これまではマスメディアが独占していたものを、ネットによる発信が可能になって個人も持ったことを意味する。パーソナルなメディアの時代が到来したといえる。権力が情報を一元管理しマスメディアを通じて政治を動かそうとしても困難になった。

2 SNSは政治の「武器」

個人をメディアにするのは、ツイッター（Twitter）でありフェイスブック（Facebook）だ。今や政治の世界ではSNSが有力な「武器」になっている。

ツイッターで盛んに発信し、自ら世論を形成し政治を動かそうとした政治家としては大阪府知事・大阪市長当時の橋下徹がよく知られている。フォロワーが143万人を数えたというから「橋下ブーム」

のきっかけをつくったのは間違いない。

ただ日本の政党の党首としては2011年8月、野党・自民党の谷垣禎一総裁が開いた「ツイッター対話集会」が初めてだ（小口日出彦『情報参謀』講談社現代新書・2016年・103頁）。その1カ月前のオバマ米大統領のツイッター集会にならったものだった。


2016年の大統領選でもSNSが大いに使われた。

はじめは泡沫《ほうまつ》に近いとみられていたドナルド・トランプがあれよあれよという間に共和党候補にのしあがり、ついに大統領になってしまった。それはなぜなのか。米国社会の矛盾、格差、怒りなど背景にはいろいろな理由があげられているが、メディアが果たした役割も見逃せない。

ワシントンからの報告によると、トランプはまずツイッターで物議をかもす内容を発信する。大手メディアが説明を求めると、テレビやラジオに出演。テレビの映像をフェイスブックの自らのページに掲載し「いいね」や「シェア」で拡散する。

まして彼はテレビで名前を売った実業家。大統領選を見せ物化し、討論会での品位など気にすることなく相手を打ちのめす。過激な差別的発言にみられるように、既存の権力や権威に毒づいてひっくり返そうとする「否定の政治」であり、それはポピュリズムそのものである（本書第2章第2節「ポピュリズムを呼びおこす道具」参照）。

有力な新聞がいくら批判してもびくともしない。否定の対象からの声など痛くも痒《かゆ》くもないからだ。

大統領就任後もツイッターでの発信がつづき、「トランプ砲」と呼ばれ米国内だけでなく世界を揺り動かした。

日本も例外ではない。２０１５年夏、安全保障法制に反対する大学生らによる国会を取り囲むデモは、ツイッターやＬＩＮＥで呼びかけて広がったものだった。彼らの活動をまとめたＳＥＡＬＤｓ《シールズ》（自由と民主主義のための学生緊急行動）編著『民主主義ってこれだ』（大月書店・２０１５年）をみると、ＳＮＳを使って自らの思いを明らかにし、抗議集会の場所や時間を連絡し合った様子がよく分かる。

60年安保・70年安保の世代ではアジビラ（アジテーション・ビラ）やアジ看（アジテーション看板）がその役割を果たしたが、今やＳＮＳだ。伝わる速度や広がる範囲も、圧倒的に速くて大きい。若者にとってスマホは体の一部になっており、そこで受信された情報は大きな影響力を持つ。

若者は新聞を読まず、テレビも見ずに、常にスマホと向き合っている。彼らにとって社会とはスマホを通じた疑似空間だとすれば、そこにいかに働きかけていくかがメディアと政治の新たな課題になっている。

もうひとつの例として、16年春「保育園落ちた日本死ね」と不満をつづったブログがある。

野党議員が国会で取りあげて火がついた。共感を呼んで、国会での質疑がＳＮＳでどんどん広がっていった。それが国会デモにつながり、そこで新聞やテレビなど既存のメディアが取りあげた。

これまでであれば新聞やテレビが報じ、そこからやや時間があって社会問題が政治問題になっていったが、SNSによってあっという間に波がおこる。この政治プロセスの変化を見誤ると想定外の事態になる。傍観していて対応が後手に回れば、政権批判が一気に広がるケースもある。

攻める側も、守る側も、SNSが今や政治の新たな飛び道具になっていることを知っておく必要がある。ネットもまたプレーヤーなのだ。

3 情報回路とメディア環境の変容

ネット前の世界をふりかえると、政党・政治家の情報はマスメディアを通じて有権者に流れていった。彼らにとっては新聞・雑誌・放送のマスメディアにどんな情報を流すのかがポイントだった。逆の言い方をすると、彼らからすれば、マスメディアから都合の悪い情報が流れないようにしなければならないわけで、そこがメディアと政治の攻防ラインだった。

それがまさに、「テレビの影響力」の節でふれた1972年の佐藤栄作首相の退陣記者会見での「NHKはどこにいる。新聞記者は出ていってくれ。偏向的な新聞はきらいだ。ボクは直接国民と話したいんだ」といった発言につながってくるところだ。

しかしネットがそれを変えた。まず政党・政治家がホームページやメールマガジンで直接発信できるようになった。

政党の場合、党の政策や活動、国会議員の紹介をはじめとして、党幹部の記者会見も動画で提供している。新聞やテレビは記者会見の一部を切り取り、自らがニュースと判断した部分を報道するわけだが、すべて流すことで微妙なニュアンスを伝えるねらいもある。ただ政党のホームページにアクセスしてくるのは支持者か、党に特別の関心を持っている人たちで、一般の有権者に広く伝わるものでないのは言うまでもない。

メールマガジンは小泉純一郎内閣が発足した直後の2001年6月に創刊された「小泉内閣メールマガジン」で広く知られるようになった。小泉人気もあって02年1月のピーク時には登録者は227万人で世界最大の発行部数を誇った。

政治家のブログやツイッター、フェイスブックは今や当たり前で、ホームページも含めた4点セットで開設しているのは衆院議員で53%、参院議員で52%と半数にのぼる（日経電子版2015年10月19日公開「ネットは政治を動かすか」）。

ブログやフェイスブックで、自らの考えを表明、発言の真意を説明して報道を批判したりするのは日常茶飯事で、他党批判なども遠慮会釈なく繰りひろげられる。ときには批判が殺到し炎上することもあり、たたき合いの場ともなっているのは否定できない。

情報回路は一方向ではなく、発信側と受信側の双方向になったのも大きな変化だ。政治家の発信に、支持者、有権者はネットを通じて直接反応できるからだ。政党や政治家にじかに物申すだけでなく、自らのブログやツイッター、フェイスブックで自由に賛意を示し反論し、拡散させることが可能なネット環境ができている。

それはマスメディアに対してもある種の攻撃性をもって展開される。その典型が橋下徹・大阪市長だった。ツイッターを用いたメディア批判を繰りひろげた。メディアの報道内容について、編集者や記者の個人名をあげながらけん制した。書き手・送り手を批判することでメディアのアウトプットに影響を与えようとしたのである（逢坂巌『日本政治とメディア』中公新書・2014年・344頁）。

もうひとつはマスコミによって形成されていた言論空間について「マスゴミ」批判で揺さぶりをかけている勢力もある。「ネトウヨ」と呼ばれる保守派（ネット右翼）が一番目立った存在だが、反原発デモなどの革新派も存在する。マスコミ批判と同時に、運動体の場合、ツイッターやフェイスブックで集会などへの参加を呼びかけ、ユーチューブに活動の様子をアップし、自らがメディアになる。

こうしてできあがっていくネット世論の問題点として指摘されるのが、米憲法学者のキャス・サンスティーンが名づけた「サイバー・カスケード」といわれる現象だ。

ネットは、受動的に情報を受け取るのではなく、能動的に自ら情報を取りにいくメディア。そこでは、同じ方向性のものばかり選び取るケースが多く、集団分極化を招く傾向があるというものだ。

「小さな流れが階段状の滝を下るうちに奔流となるように、当初取るに足らないと見られていた議論が、たとえ極論であっても一気に力を得るイメージである」（谷口将紀『シリーズ日本の政治10　政治とマスメディア』東京大学出版会・2015年・114頁）。

逢坂巌は次のように解説する（日本再建イニシアティブ『「戦後保守」は終わったのか』角川新書・2015年・219〜221頁）。

「『集団分極化』とは、ある集団が討議を経ることで、討議前の傾向をさらに極端化させることを意味する。同じような志向をもつグループ内で議論をすれば、もとからの延長線上にある極端な意見へシフトする可能性が大きい」

「『サイバー・カスケード』とは、ある事柄をめぐってネット上で感情的な反応が引き起こされ、一挙に一つの方向へと流れができてしまうことを指す」

「人々は自分の見たいものを見る傾向を強め、ネットは意見の異なる他者に出会って違う考えを知るというよりも、自分の意見や感覚を、似たような他者の激しい言葉でもって確認する、といった『自家中毒』的空間になりつつある」

4 ネットの功罪

ネット環境が整ったことで、マスコミが独占していた情報の回路に個人や団体が参入し、政治参加のかたちは間違いなく新たな段階に入った。政党、政治家、有権者が直接自分のことばで発信できるようになったからだ。個人がメディアになったことで、より多様な言論が可能になったともいえる。政党、政治家との直接的なつながり、マスコミの報道内容への批判などはネット政治ならではのものである。

それによって政治の透明性が高まっているのは事実だ。政治的スキャンダルの暴露などネットによる告発は相次ぐ。ある種の「政治の見える化」といえる。ただ行き過ぎた個人のプライバシー侵害などの問題をはらんでいるのは事実で、ネットの匿名性に由来する個人攻撃、暴露合戦などのただざなければならない課題も多い。

とりわけ前項で指摘したネット社会のサイバー・カスケードで集団分極化が何をもたらすのか、その危うさを十分認識しておかなければならない。それは、次章のテーマであるナショナリズム、ポピュリズムを呼びおこしている一因がネットにある可能性が大きいからでもある。

〔参考文献〕

トクヴィル『アメリカのデモクラシー』（松本礼二訳／岩波文庫・第一巻2005年、第二巻2008年／原著・第一巻1835年、第二巻1840年）
坂野潤治『明治デモクラシー』（岩波新書・2005年）
読売新聞社編『憲法改正　読売試案2004年』（中央公論新社・2004年）
産経新聞社『国民の憲法』（産経新聞出版・2013年）
芹川洋一『憲法改革　21世紀日本の見取図』（日本経済新聞社・2000年）
毎日新聞論説室『論憲の時代』（日本評論社・2003年）
若宮啓文『闘う社説』（講談社・2008年）
舛添要一『憲法改正のオモテとウラ』（講談社現代新書・2014年）
『石橋湛山全集』第10巻（東洋経済新報社・2011年）
岡義武編『吉野作造評論集』（岩波文庫・1975年）

丸山眞男『超国家主義の論理と心理　他八篇』（古矢旬編／岩波文庫・２０１５年）
竹内洋『革新幻想の戦後史』（上・下／中公文庫・２０１５年／初版２０１１年）
佐々木隆『シリーズ日本の近代　メディアと権力』（中公文庫・２０１３年／初版１９９９年）
加藤紘一『新しき日本のかたち』（ダイヤモンド社・２００５年）
小口日出彦『情報参謀』（講談社現代新書・２０１６年）
ＳＥＡＬＤｓ編著『民主主義ってこれだ』（大月書店・２０１５年）
逢坂巌『日本政治とメディア』（中公新書・２０１４年）
谷口将紀『シリーズ日本の政治10　政治とマスメディア』（東京大学出版会・２０１５年）
キャス・サンスティーン『インターネットは民主主義の敵か』（石川幸憲訳／毎日新聞社・２００３年／原著２００１年）
日本再建イニシアティブ『「戦後保守」は終わったのか』（角川新書・２０１５年）

第2章 政治思潮への影響

1――ナショナリズムの培養装置

メディアから伝わってくる情報によって、人々はものの考え方に影響を受ける。ときに政治行動が変わり、世の中が動く。とくに自分の国や所属する組織などへの帰属意識が揺さぶられ、危うくなると思うとき、人は敏感に反応するものだ。メディアはしばしばそこを刺激する。その典型がナショナリズムという取扱注意の思想である。ナショナリズムがなければ国は成り立たない。しかしナショナリズムが高まりすぎると周りとあつれきを生じてしまう。メディアにとってナショナリズムをきちんと管理できるかどうかが問われている。

1 ナショナリズムとメディア

ナショナリズムとは何か。国民主義、民族主義、国家主義などと邦訳されてきたように多様な意味内容をふくむ言葉だ。ここでは大まかな括りをしたうえで話を進めたい。

しばしばトラブルをひきおこすナショナリズムとは、３つの訳語のうち他国との協調より自分の国を何よりも大事だと思う「国家主義」的なものではないだろうか。

別の類型化をすると、オリンピックで自国選手を応援したり、経済や技術開発で他国をしのごうと頑張ったり、向上をめざす「競い合うナショナリズム」は健全なナショナリズムといえる。

自国の文化や文明に愛着を感じるような、一般に愛国心といわれる「誇りに思うナショナリズム」も健全なものだ。愛郷心や愛校心とも共通する心理は、人と人とがつながっていくうえで自然な感情に違いない。

問題なのは、他国との間で領土や支配権をめぐって張り合い、ときには力ずくで相手を押さえ込もうとする「闘うナショナリズム」である。偏狭で、危ういナショナリズムと言いかえてもいいだろう。

ここでの問題意識にしたがえば、メディアがこの闘うナショナリズム、排他的なナショナリズムをあおるプレーヤーになってこなかったかということだ。

そもそもナショナリズムを呼びおこす要因として、メディアは欠かせない存在だった。ベネディクト・アンダーソン著『定本　想像の共同体　ナショナリズムの起源と流行』（白石隆・白石さや訳／書籍工房早山・２００７年）によると、ナショナリズムは言語的な現象で、新聞が媒介しており、出版資本主義《プリント・キャピタリズム》が成立することによって広がった。

「想像のつながりが生まれる……源泉は、本の一形態としての新聞とその市場との関係にある。……新聞は……一日だけのベストセラーとでも言おうか。……異常なマス・セレモニー、虚構としての新聞を人々がほとんどまったく同時に消費（「想像」）するという儀式を創り出した」（60～62頁）

「ヘーゲルは、近代人には新聞が朝の礼拝の代わりになったと言っている……新聞の読者は、彼の新聞と寸分違わぬ複製が、地下鉄や、床屋や、隣近所で消費されるのを見て、想像世界が日常生活に目に見えるかたちで根ざしていることを絶えず保証される」（62頁）

新聞が産業として成り立ち、広く読まれるようになってはじめて、認識を共有する想像の共同体が創出され、近代国家の国民が登場してきたという見方である。

新聞から雑誌、ラジオ・テレビ、ネットと、情報伝達の手段は変わっても基本的構図は同じだ。健全か偏狭かは別にしてメディアがナショナリズムを呼びおこすプレーヤーであることだけは間違いない。

2　歴史が突きつける新聞の罪と罰

明治以降の歴史を振りかえると、いかに新聞が偏狭なナショナリズムをあおってきたことか、なんとも息苦しくなるほどだ。少なくともメディアに携わる人間はその過去を知っておかなければなるまい。

最初の例は、日露戦争の講和条約と日比谷焼き打ち事件である。

嶺隆著『新聞人群像』（中央公論新社・２００７年・１８７～１９５頁）によると、米ポーツマスでの日露講和会議の報道は、大阪毎日新聞（大毎）と国民新聞の圧勝で、他紙の追随を許さなかった。

大毎は、原敬が編集総理、社長をつとめていたとき、外国通信を重視して委嘱した「外国常駐特設通信員」のオラフリンが圧勝の立役者だった。米大統領のルーズベルト、ロシアの全権大使だったウィッテとも親交があり、ポイントとなる情報が取れたためだ。

国民新聞は徳富蘇峰が創刊した日刊紙で、当時の桂太郎内閣の機関紙を自認し特権的便宜を与えられていた。他紙が交渉決裂を予想する中、「日露講和なる」も大毎と並んでスクープした。

大毎、国民新聞の独走を許した各紙は、講和への激越な政府批判を展開した。講和条件への反対論によるものだが、国民新聞を厚遇したことへの鬱屈した思いも見逃せない。これはメディア関係者がしばしば抱く感情で、理屈を超えたものでもある。

いちばん激しかったのは大阪朝日新聞だ。社説での批判はもちろんのこと、1面の中央に黒ワクの囲み記事を掲載した。「講和条件は一切、日本の譲歩のみにして、吾人は之を急報するを恥づ」と強烈で、その下に、しゃれこうべが大粒の涙をこぼしている「白骨の涙」と題する風刺画を置いた。

新聞論調の大勢は条約破棄・戦争継続論だった。新聞が講和反対国民大会への参加を呼びかけた。東京・日比谷公園で開かれた大会から演説会場に向かった群衆は一部が暴徒化し、国民新聞社を襲撃するなど混乱がつづき、政府は戒厳令を敷き、緊急勅令で全国30の新聞が発行停止処分を受けた。

日露戦争の実相や戦争遂行能力などの情報を政府が開示せず、断片的で都合の良い情報しか流されない中、新聞が紙面を作成し言説を展開していくうえで、極端に走るのはやむを得ない面もあるとして、ナショナリズムを高揚させ、日比谷焼き打ち事件を招いたのが新聞だったのは否定できない。

次の例は第一次世界大戦と対華21カ条要求である。

奈良岡聰智著『対華二十一ヵ条要求とは何だったのか』（名古屋大学出版会・2015年・106～111頁、218頁、282頁など）によると、1914年（大正3年）8月23日、第2次大隈重信内閣は第一次大戦に参戦（対独宣戦布告）するが、政友会系の「中央新聞」を除いて全紙が参戦積極論だった。雑誌でも、自由主義的論調で定評のあった『中央公論』もちゅうちょなく参戦を支持した。

野党政友会が参戦に慎重だったのは、8月4日の日記で「ナポレオン一世已来の大戦争ならんとする情況に至れり」と見抜いていた原敬と、日米関係の悪化を懸念する高橋是清の考えによるもので、中央新聞の論調にはそれが反映していた。はっきりと参戦反対を打ち出したのは旬刊の経済雑誌『東洋経済新報』だった。8月15日発行号の社説は「好戦的態度を警《いまし》む」だった。

15年1月、大隈内閣の加藤高明外相が中国の袁世凱政権に21カ条の権益拡大要求を突きつけた。問題は第5号で「中国政府に日本人の政治・財政・軍事顧問を置く」と、ほかの要求条項とは違い希望条項だったが、秘密条項だった。

これに袁世凱政権は猛反発し、米英も秘密条項だったため対日不信を募らせる。外交失政で、振りかえってみれば1945年（昭和20年）敗戦の出発点はここにあるとみることもできる節目のできごとだった。

中国の新聞各紙が、「第二の朝鮮」にするのが日本の狙いと批判、欧米の各紙も日本の対中政策に不信の目を向けた。日本の新聞各紙はこぞって中国や欧米の報道に反論、煽情的な報道が過熱していった。秘密条項だった第5号が知れわたったあとも要求貫徹あるのみの一本槍だったという。いちど火がつくと容易に収まらないのがナショナリズム世論である。新聞がそのお先棒をかついでしまう傾向があるのは知っておく必要がある。

3番目は第二次世界大戦である。ナショナリズムをあおって戦争に突っこみ、敗戦へとひた走っていった国家破たんの過程にメディアがどうかかわっていたかという問題である。

新聞が政府・軍部の圧力に屈したのは動かせない事実だ。ウルトラ・ナショナリズム（超国家主義）の支配する国家ができあがったひとつの原因に、プレーヤーとしてのメディアの存在があったというしかない。

そこらの事情は、毎日新聞OBでもある前坂俊之著『太平洋戦争と新聞』（講談社学術文庫・2007年）や、朝日新聞取材班『新聞と戦争』（上・下／朝日文庫・2011年）がメディアに引きつけてその過程を追っている。戦争遂行・協力へと転換していった新聞のあり方を問うたものだ。情報統制のプロセスを膨大な資料をもとに解明した研究書の山中恒著『新聞は戦争を美化せよ！　戦時国家情報機構史』（小学館・2001年）もある。詳しくはそちらに譲るしかないが、本書の文脈にからんだ具体的な例をあげてみたい。

『新聞と戦争』（上299〜323頁）によると、軍部の強硬姿勢に批判的だった朝日新聞は1931年9月18日の満州事変のぼっ発をきっかけに、軍部の行動を追認し、満州の中国からの分離独立を容認する方向へと社論を転換した。

その理由としては、編集トップの判断として、疑いながらも満鉄線爆破は関東軍ではなく中国兵によるものという現地からの情報を信じたことがまず挙げられる。軍が朝日に敵愾心《てきがい》をもっており、各地で不買運動がおこっていた事情もある。満州新市場への期待という側面も無視できない。

同書は「新聞報道が世論を煽り、沸いた世論が、新聞を引っ張る。螺旋《らせん》的な相互作用が動きはじめた」（上319頁）と書いている。自分が多数派だと思えばどしどし発言し、少数派だと思えばだんまりを決め込み、それぞれの傾向がどんどん強まっていくという、ドイツの社会学者エリザベート・ノエル＝ノイマンのいう「沈黙の螺旋」仮説があてはまる言論状況だ（本書第4章第3節1「世論形成のメカニズム」参照）。

喚起されたナショナリズムを新聞が昂進していき、歯止めをかけようにもかからなくなる典型が戦争である。これはまさにその例だ。

もうひとつ「爆弾・肉弾3勇士」の報道を挙げたい。32年1月におきた上海事変でのことだ。3人の兵士が爆弾を身につけて敵陣の鉄条網に飛び込んで壮烈な戦死をとげ、それによって鉄条網が破れ敵の陣地の一部が崩れて日本軍が敵陣に突入、陣地を陥落させたとの報道が爆発的な反響を呼んだ。

これを受け、毎日と朝日が競い合う。事実を拡大して軍事美談にし、新聞社が遺族への弔慰金集めのキャンペーンを展開、さらに「3勇士」の歌を募集してイベント化して、政府や軍部になり代わって軍国主義を高めていく。メディアが事件をつくり、メディア・イベントにして、国民をひとつの方向へ持っていくものだ（『太平洋戦争と新聞』89～92頁）。

毎日は「爆弾3勇士の歌」、朝日は「肉弾3勇士の歌」と、それぞれ懸賞募集で競い合い、入選作は両社とも同じ日に発表。大阪では両社の本社のあった堂島川をはさんで「爆弾3勇士」と「肉弾3勇士」の歌が大音声で流され、近所では私語もできない騒ぎだった、というから常軌を逸した対応ぶりだった（『新聞と戦争』下349頁）。

3 ネット右翼とは何か

前章で明らかになったように、新聞・雑誌・放送のマスメディアだけではなく、ネットの登場と定着によって、今や個人もメディアになった。ブログで、ツイッターで、フェイスブックで発信し、中には大きな影響力を持つものもあらわれた。パーソナルメディアの時代が到来している。

ただネットの言論空間では過激な言葉が飛び交う。匿名性が言葉の暴力を助長している面がある。相手をひぼう中傷し、攻撃対象に一斉に襲いかかり、「炎上」させるケースもある。ブログやニュースサイトなどへの大量のアクセスや反論コメントの集中によって、サーバーがパンクし動かないようにするものだ。別の掲示板などで呼びかける人がいて、仕掛けている例が多いようだ。

その中で注目を集めているのがネット右翼、ネトウヨと略称される存在だ。ネット上で国家主義的、復古主義的な主張をする人たちだ。本書での問題意識でいえば、決して健全ではないナショナリズムをあおっている集団ということになる。

かれらにはどんな特性があるのか。実証的な研究や学問的な分析がされているわけではなく、きちんととらえるのはむずかしいが、ひとつの例として古谷経衡著『ネット右翼の終わり　ヘイトスピーチはなぜ無くならないのか』（晶文社・2015年）の分析を紹介してみよう。

それによると、ネット右翼には3必須・7原則があるそうだ。

3必須は①嫌韓・嫌中の感情が旺盛である②在日コリアンに極めて強いネガティブな感情を持つ③産経新聞以外の大手メディアに激しい嫌悪感、敵愾心を抱いている——ことである。

この3つにプラスすること4つの原則があり、④先の戦争を肯定的にとらえ「東京裁判史観」を否定する⑤公人の靖国公式参拝を支持し、容認する⑥安全保障政策は「タカ派」的価値観を持ち、憲法9条の改正を支持する⑦安倍政権を支持し、民主党政権に敵愾心を持ち、次世代の党（現・日本のこころ）を強く支持する——ことである。

こうした思想傾向を持つ人が150万人程度いるというのが古谷の見立てである。彼らの存在をどうみるかは判断の分かれるところだろうが、パーソナル・プレーヤーとしてナショナリズムの培養器になっている点だけは否定できない事実だ。

4 なぜ今、ナショナリズムなのか

日本だけでなく世界中でナショナリズムが高まっている。アジアで、欧州で、内向き志向の米国もおそらくその範ちゅうに入る。なぜなのか。その答えが、経済のグローバル化と移民・難民による社会の亀裂にある、といっても決して的はずれではないだろう。これに対抗しナショナリズムを使いながら、国をまとめていこうとする政治の動き。そのぶつかり合いがあちこちで見られるのが今日の世界の姿ではないだろうか。

図式化していうと、グローバル化によって経済競争は激化する。米欧諸国や日本で中間層が薄くなり、下へと動いている。世界的な競争に打ち克つために手っ取り早い方法は、労働者の賃金を低くおさえることだからだ。その結果、所得格差が広がり、社会的な不満が増大、政治的な不安定をもたらす。それは米大統領選でのトランプ現象、サンダース現象に端的にあらわれている。そこで政治指導者は何をするか。外に共通の敵を設定し、ナショナリズムを呼びおこしつつ、不満のはけ口をつくる。そのとき重要な役割を果たすのがメディアである。

自らの権力維持を含め統治の道具に政治指導者がナショナリズムを使おうとするのは古今東西を問わない。メディアはそのとき培養装置になる。

一方で、多様な言論が多様なメディアによって繰りひろげられていく中で、民主主義は確かなものになっていくと考えられている。「思想の自由市場論」がその根拠だ。思想の市場には真理と誤りをえり分ける自動調整作用が組み込まれており、自由こそが合理的な結論に達する確かな道だというものである（J・S・ミル『自由論』塩尻公明・木村健康訳／岩波文庫・1971年）。

ナショナリズムをつくりだすのがメディアなら、偏狭で排他的なものに陥らないようにできるのもまたメディアである。ナショナリズムのコントロールは、思想の自由市場において可能と信じたい。

言論の多様性は大事だが、グローバル化とナショナリズムがぶつかりあう波しぶきをあおる報道に危うさがあることは、胆に銘じておかなければならない。

2――ポピュリズムを呼びおこす道具

ナショナリズムと並んでメディアから産まれ育つものがある。ポピュリズムという民主主義の鬼子である。大衆社会化が進んでいく中で大衆を動員し、政権を獲得しようとする政治家は決まって大衆の不安や不満を巧みに操ってきた。そのとき欠かせないのがメディアである。プレーヤーとしてのメディアを考えるときの格好のテーマだ。

1 ポピュリズムとは何か

ポピュリズムとは何か。まず言葉の意味から考えてみよう。

『［縮刷版］政治学事典』（弘文堂・2004年）を引くと「広義には、近代化や資本主義化の弊害に対して小ブルジョアあるいは旧中間層を中心に展開された、どちらかといえばエモーショナルな反体制イデオロギーあるいは運動を指す」(1024頁)とある。

具体例として、19世紀末の米国で西部の農民層が地位の向上に向けて「人民党」をつくり二大政党制に挑戦した社会改革運動や、19世紀後半にロシアでツァー体制の打倒をめざして農村を拠点に繰りひろげられた社会主義運動であるナロードニキ運動をあげている。

ポピュリズムという言葉のはじまりは19世紀後半にあるようだ。邦訳として人民主義、大衆主義の言葉があてられているが、新聞表記ではポピュリズムのカッコ書きは「大衆迎合主義」とするのが一般的だ。ここにはある種の価値観が含まれている。迎合という言葉が入ることによる負のイメージである。ポピュリズムは政治的にマイナス・シンボルだ。

それは読売新聞の渡邉恒雄主筆の『反ポピュリズム論』(新潮新書・2012年)のタイトルが示す通りだ。同書は、政治を衰弱させた原因は大衆迎合政治にあると指摘。「その一つの大きな転機が、小泉純一郎首相の登場だったように思う」(17頁)として、「さらにそれを推し進めて、正真正銘の大衆迎合政治を作り出してしまったのは、鳩山・菅政権下の民主党である」(29~30頁)と言い切る。それをあおったのがテレビであり、ネットにもその危うさがひそんでいるとみる。

学問の世界ではどう定義されているのか。バーナード・クリック著『デモクラシー』(添谷育志・金田耕一訳/岩波書店・2004年)は次のようにいう。

「ポピュリズムとは、多数派を決起させること、あるいは、少なくともポピュリズムの指導者が多数派だと強く信じる集団……を決起させることを目的とする、ある種の政治とレトリックのスタイルのことである」（134頁）

「そのときこの多数派とは、自分たちは今、政治的統合体《ポリティ》の外部に追いやられており、教養ある支配層から蔑視され見くびられている、これまでもずっとそのように扱われてきた、と考えているような人びとである」（同）

大衆社会化が進んでいく中でめばえてきたエリート支配への抜きがたい不信と不満がポピュリズムの根っこにはあるとみていい。それはまたある種の疎外感となって社会の底流に沈澱していく。

ポピュリズムをわかりやすく解説しているのが吉田徹著『ポピュリズムを考える　民主主義への再入門』（NHKブックス・2011年）である。

同書（68〜72頁）にしたがって要約すると、ポピュリズムの核心は「既存の権力の在り処《あか》を非難して、その価値体系を丸ごとひっくり返そうとする『否定の政治』にある」。

その特徴として次の6点をあげる。

第一はイデオロギーであると同時に、政治運動の形態をとる。

第二は地理的、歴史的条件を超えて、繰り返し生起する現象である。

第三は人々の心理が大きな原動力となっている。

第四は「反資本主義」「反エリート」「反ユダヤ主義」など何かを否定する「アンチ」の思想であり、

運動である。

第五は従属的な立場に置かれた貧しい「人民」の意識を鼓舞することで起こる現象である。第六は最終的にはナショナリズムや社会主義、農本主義といった、より上位の政治体制やイデオロギーに回収される。ポピュリズムそのものが政治体制として位置づけられることはなく、一時的な運動である。

以上の点からいえるのは、ポピュリズムが「イズム（主義）」という接尾語をもっていてもマルクス主義や自由主義のような論理や世界観があるわけではないということである。ポピュリズムとは「様々なシンボルをまとめあげ、様々なイデオロギーの文脈に位置づけられる融通無碍《むげ》な政治スタイル」のことと同書は定義づけている。

ポピュリズムの定義について、水島治郎著『ポピュリズムとは何か』（中公新書・２０１６年）は①固定的な支持基盤を超え、幅広く国民に直接訴える政治スタイル②「人民」の立場から既成政治やエリートを批判する政治運動――の２つがあり、本書が準拠した吉田徹や大嶽秀夫は①で、水島は②の立場をとるとしている（6～8頁）。

ポピュリズム政治は人によっていろいろな受けとめ方があるが、「否定の政治」「一時的な運動」「融通無碍な政治スタイル」だとしてメディアとの関連を考え、プレーヤーとしてのメディアに焦点をあてるのが本書のねらいである。

2 ラジオ時代のポピュリスト

戦前の政治家でもっとも大衆人気があったのは近衛文麿をおいてほかにない。摂関家の筆頭である近衛家の若き公爵という出自の良さに、40歳代の若さが加わり「近衛ブーム」をまき起こした。筒井清忠著『近衛文麿　教養主義的ポピュリストの悲劇』（岩波現代文庫・2009年）にしたがってメディアとのからみをみてみたい。

近衛については、たとえば古川隆久著『近衛文麿』（吉川弘文館・2015年）のように「ポピュリスト、つまり人気取り政治家という……通説は見直されるべきなのである」（258～259頁）との見方があるのは承知しているが、ここでは通説に準拠したい。近衛は、ポピュリズムの定義である「否定の政治」「一時的な運動」「融通無碍な政治スタイル」からも逸脱していないと判断するためだ。

筒井著によると、近衛のイメージ形成は「モダン性」と「復古性」の両者が巧みに融合されているところに特徴があった。米国に留学させた長男・文隆をはじめ家族の米国風のライフスタイル、ゴルフの趣味、社会主義的な傾向などのモダン性が都会の大衆をひきつけた。一方で古美術を保有し、アジア主義に理解があり、家柄の良さとその復古性が農村の保守層をつなぎとめた。

そこで大きな役割を果たしたのがラジオだった。1937年6月4日の近衛内閣の組閣の夜には「全国民に告ぐ」というラジオ放送をしている。初の試みだった。その後も節目節目にラジオで直接、国民に訴えかけている。同7月27日夜の特別議会開会にあたっての「政府の所信」、9月11日夜の「国民精神総動員大演説会」中継など、ひんぱんにラジオから近衛の声が流された。レコードも使った。その9月11日の近衛演説は「近衛首相の大獅子吼　演説時局に処する国民の覚悟」として頒布した。

同年9月には「内閣情報部」を設ける。そのうえで40年に近衛は新体制運動の一環として各省の情報機関を統合した「内閣情報局」をつくる。メディアを一元的に管理するもので大情報宣伝機関になるが、近衛はメディアを通じた大衆動員の意味を理解していた（153～170頁）。

当時、プレーヤーとしてのメディアは、使われるプレーヤーとしてのメディアだった。

3 テレビ時代のポピュリスト

小泉純一郎首相をポピュリストと呼ぶことには異論もあるだろう。小泉構造改革は痛みを伴うものだった。政治に頼るなとも教えた。それまでの右肩上がりの経済を前提とした利益分配、既得権益保護の自民党政治を大きく転換させた。そこから決して大衆迎合政治でないという指摘が出てくる。

しかし小泉政治は、ポピュリズムの定義である「否定の政治」「一時的な運動」「融通無碍な政治スタイル」にあてはまってくる。「自民党をぶっ壊す」と叫んで総裁に選ばれ、実際、小泉は自民党を破壊した。それまでの自民党政治のあり方を壊した。小泉政治は間違いなく「否定の政治」である。

2001年4月、首相になって何を壊したのか。まず派閥である。自民党は派閥の連合体だった。1970年代には田中・大平・福田・中曽根・三木の五大派閥に整理され、派閥の合従連衡で総理総裁が選ばれていた。その中核にいたのが最大派閥の田中派で、それを引き継いだかたちの竹下派による支配が続いていた。ところが90年代の政治改革によって中選挙区制から小選挙区制になり、政治資金規制が厳しくなり、政党助成金制度ができ、派閥の力が弱まって党執行部の力が強くなった。こうした党内力学の変化を背景に、派閥に残っていた閣僚ポスト割り振りの人事権を取り上げて、派閥の力をそいだ。派閥破壊である。

下からの積み上げによるボトムアップ型の意思決定のやり方も変えた。自民党は政調会の各部会、政調審議会、そして総務会と段階ごとに議論を尽くしながら、全会一致で合意形成をはかってきた。それを首相主導のトップダウン方式に改めた。意思決定破壊である。

ものの考え方も変えた。先に述べたように自民党政治は利益の分配と既得権益の保護を共通認識として成り立っていた。それを壊したのである。理念破壊である。

そうした破壊を進めていくうえでメディアを巧みに使った。メディアの側も、とくにテレビがそれに乗った。

大嶽秀夫著『小泉純一郎　ポピュリズムの研究』（東洋経済新報社・２００６年）は次のように小泉流を規定する。

「小泉政治は、一般にポピュリズム政治、あるいは劇場型政治と呼ばれる。ポピュリズム政治の特徴は、善玉悪玉二元論を基礎にして、政治を道徳次元の争いに還元する。その際、プロフェッショナルな政治家や官僚を政治・行政から『甘い汁』を吸う『悪玉』として、自らを一般国民を代表する『善玉』とし

て描き、その両者の間を勧善懲悪的ドラマとして演出する」（2頁）

そのときセンセーショナルな世論を喚起し、操作するのにいちばん適したメディアがテレビで、小泉ポピュリズムはテレビなしには成り立たなかった。

ではどんな手法をとったのか。第1章の「テレビの影響力」の節でも触れたが、ワンフレーズ・ポリティクスといわれるやり方だ。「自民党をぶっ壊す」もそうだが「改革なくして成長なし」「聖域なき構造改革」「痛みに耐えてよく頑張った。感動した」「自衛隊が活動している地域が非戦闘地域だ」など印象的なフレーズで有権者の記憶に刻みこまれる。

サウンド・バイトといわれるものだ。わかりやすく刺激的な短い言葉で、テレビニュースで繰り返し放映されるように仕向ける手法である。発言は短ければ短いほどテレビ番組は使いやすい。そこをねらって言葉を発する。それは新聞にもあてはまる。見出しになる言葉である。

小泉首相は首相官邸での記者団とのぶら下がりをうまく使った。一日2回、昼と夕方に記者団の質問に答えた。森喜朗首相までは官邸の中と国会の廊下で首相番記者による立ち話の質問に答えていたのを改めた。夕方はテレビカメラが入った。1回の時間は5分以内だから、おのずとワンフレーズになった。

メディア側も小泉政治を消費した。テレビのワイドショーがその典型だ。テレビは視聴率次第だ。政治コンテンツで視聴率が取れれば番組を編成する。そうでなければ取り上げない。そこははっきりしている。それが民放のビジネスモデルである。２０１６年の舛添要一東京都知事の辞任から、小池百合子知事の誕生、そして豊洲市場への移転問題、２０２０年東京五輪の候補地見直し問題などまったく同じ展開だ。

取りあげるときにはストーリーが必要になる。二項対立、善悪二元論は視聴者には極めて分かりやすい図式化だ。悪代官役の登場など勧善懲悪ドラマほど手軽なものはない。政治はそもそも利害の調整で、いかに妥協しながらまとめていくかの技術だが、ワイドショーではそうした観点はすべて吹き飛んでしまう。

２００５年の郵政選挙の際の劇場型政治にはすでに触れたが（第1章第3節3「テレポリティクスの時代」参照）、２０１６年から17年の東京都政をめぐる取り上げ方も同様だ。メディア、とりわけテレビが政治のプレーヤーになっているのだ。

4 ネット時代のポピュリスト

２０１５年5月、大阪都構想をめぐる住民投票で反対票が賛成票を上回り、否決されたため、政界を引退した橋下徹・前大阪市長だが、10年に大阪維新の会を旗揚げし、12年には日本維新の会代表として一時期、維新ブームをまきおこした。橋下流の政治手法も従来のやり方を徹底的に批判する「否定の政治」の色合いが濃かった。ポピュリズムの対象として分析することは許されるだろう。

本節冒頭に紹介した渡邉恒雄著『反ポピュリズム論』でも「橋下現象はなぜ起きたか」として一章を設けて解説を加えている。民主党政権下の12年当時の執筆で「鳩山・菅二代の民主党政権が政治的無知で国政を混乱させ、民主党と自民党が不毛な対立を続けているせいで、既成の政治に対する国民大衆の不満と失望は頂点に達している。その結果が、ヒトラーや近衛文麿の登場、あるいはマクガヴァン現象を想起させる『橋下現象』となって現れている」（69頁）と渡邉は分析している。

それではそうした現象を呼びこんでいるツールは何か。小泉内閣の竹中平蔵経済財政相の政務秘書や自民党幹事長の特別秘書をつとめた真柄昭宏の著書『ツイッターを持った橋下徹は小泉純一郎を超える』（講談社・2012年）のタイトルにその答えがあるようだ。

橋下はツイッターを駆使して自らによる発信をつづけた。瞬時に多数のフォロワーに送ることができて、さらにリツイートされればその先に広がっていく。また打ち返しも可能で双方向性もある。橋下で特徴的だったのは、ツイッターでマスメディアをけん制して、世論形成の主導権を自ら握ろうとしたことだ。

渡邉恒雄が月刊誌『文藝春秋』12年4月号に「日本を蝕む大衆迎合政治」と題する論文を発表、その中で、橋下が朝日新聞のインタビューで選挙で有権者に求めるのは「白紙委任」と語っていたことをとらえて、ヒトラーの「全権委任法」を引き合いに出しながら「非常に危険な兆候だ」と懸念を示した。

すると橋下はツイッターで渡邉に激しく反論した。

「ヒトラーとだぶらせている。これは論理の飛躍」「日本においてメディアの力で権力は倒される」「権力の独裁はあり得ない」「渡辺氏の方が読売新聞社だけでなく政界も財界も野球界も牛耳る堂々たる独裁じゃないですかね！」（『反ポピュリズム論』41〜42頁）

ネットの定着で個人がメディアになったのはすでに指摘したとおりだが、政治家がツイッターをつうじた世論形成のプレーヤーにもなっている。

5 世界を覆うポピュリズムの波

「一匹の妖怪が世界を徘徊している。ポピュリズムという名の妖怪が」――。マルクス、エンゲルスの『共産党宣言』になぞらえた言い回しが盛んにされている。たしかに欧州や米国で、ポピュリズム政党が支持を集めている。

欧州ではフィンランドの真正フィン人党、スウェーデンの民主党、デンマークの国民党、英国の独立党、オランダの自由党、スイスの国民党、フランスの国民戦線、スペインのポデモス、イタリアの五つ星運動、オーストリアの自由党、ハンガリーのフィデス、ポーランドの法と正義、ギリシアの急進左派連合がそうだ。すでに与党の一翼を占めているポピュリズム政党もあらわれている。

なぜここまでポピュリズム政党が伸びてきているのかを考えるとき、どうしても経済のグローバル化や移民・難民と関連づけざるを得ない。前節のナショナリズムと同じ論理の展開だ。

グローバル化が進み、賃金の安いところへと企業の生産拠点が移り、国内企業の競争力が落ちると、賃金のカットや人員整理につながり、中間層は低所得層へと脱落していく。富裕層に富が集中する。移民・難民によって社会の亀裂が深まり、分断化が進む。当然、不安や不満が募り、ときの政権への批判が強まり、同時に反グローバル化の流れは鮮明になってくる。

有権者からすると自らの生活が苦しくなるのは、政治がきちんと機能していない、つまり既成政党が機能不全におちいっているからだとなる。そこへ「否定の政治」が説得力をもって受けとめられる素地ができる。16年の米大統領選挙の候補者選びでのトランプ現象もサンダース現象もその文脈だ。

ポピュリズムもナショナリズム同様、メディアが培養器になり、呼びおこす道具になっている。悩ましいのはポピュリズムとナショナリズムが相乗効果で高めあってしまうことだ。

ではどうしたらいいのか。ナショナリズムとポピュリズムというふたつのイズムに流されないようにするためには、まず現実を直視することが必要になる。ナショナリズムの行きつく先には何が待ちかまえているのか。日米開戦に突っこんでいった戦前の例を持ち出すまでもないが、現実を冷徹にみれば答えはおのずと出てくる。ポピュリズムが否定した現実の果てにはどんな地平が開けてくるのか。ひと呼吸おいてじっくり考えてみるとここでも答えは明らかなはずだ。

メディアは偏狭なナショナリズムや浅薄なポピュリズムをおさえこむためのプレーヤーにならなければならないのだろう。

3——新聞リベラリズムの系譜

1 ナショナリズム・ポピュリズムの防波堤

冷戦構造の崩壊をきっかけに経済のグローバル化が進み、その矛盾をつくかたちでナショナリズム、ポピュリズムという二大潮流が世界を覆っている。これが世界の現状だろう。

排外的で偏狭なナショナリズムを煽り、有権者の歓心を買う人気取りで否定の政治を進めるポピュリズムの政治家が出てきたとき何がおこるか。２０１６年の米大統領選でのドナルド・トランプの過激な発言や、英国のＥＵからの離脱を問う国民投票で一転して離脱派に回った保守党のボリス・ジョンソンの言動をみれば分かるとおり、他国との協調より一国の利益を優先するあまり、世界的な混乱を招いてしまうという事態である。

前節でふれたように、欧州諸国ではポピュリスト政党が与党になるケースも出ており、反グローバル化の流れとポピュリズムの広がりは重なり合っている。体制はちがうが、ロシアのプーチン大統領の対応ぶりもナショナリズムとポピュリズムの複合現象という同じ文脈でとらえられる。

ふたつのイズムが融合したとき危ないのは全体主義、権威主義に流れて、政治的、社会的、経済的な自由を抑圧する事態になることだ。その防波堤になり得るのは、ものの考え方でいえば自由主義（リベラリズム）ということになる。

メディアにとって何が大事かといえば自由をおいてほかにない。言論の自由、表現の自由がなければ成り立たない職業である。またそれこそ民主主義の基礎である。しばしば引用されるフランスの哲学者ヴォルテールの「私はあなたの意見には反対だ。しかしあなたがそれを主張する権利は命をかけて守る」という言葉が支配する世界のはずだ。

この節では、過去にさかのぼって全体主義・権威主義に批判的な言説を展開した日本の自由主義者の言論人・新聞人の系譜を追ってみたい。彼らが、政治のプレーヤーとして、福沢諭吉を除いてはどの程度の影響力を持ったか疑問もあるが、そこには今のメディアにとっても学ぶべき点があるのは間違いない。

2 福沢諭吉の「時事新報」と長谷川如是閑

福沢諭吉（1835～1901）といえば近代日本を代表する知識人として誰もが知った存在だが、ここでのテーマは彼が創刊した日刊紙「時事新報」についてである。創刊は1882年（明治15年）3月1日。当時は、前年に大隈重信と福沢門下の官僚たちが政府から追放される明治十四年の政変がおこり自由民権運動が盛り上がっていたころだ。新聞は党派性の強い「大新聞《おお》」と娯楽性の強い「小新聞《こ》」に分かれていた。そんな中で初の中立言論新聞だった。

ほどなく日本で屈指の高級紙としての地位を確立するが、1936年に終刊する。その後46年に復刊し、55年には産業経済新聞と合同して「産経時事」と称するが、58年には「産業経済」となり名前も完全に消える。

創刊号の1面に「本紙発兌《はつだ》之趣旨」を掲載。われわれは「いわゆる政党なるものにあら」ず、「他の党派新聞の如く一方のためにするものにあら」ずとして、「独立不羈《ふき》」の精神が掲げられ、「大いに求むる所は国権皇張の一点にあるのみ」と宣言した。

時事新報の名前の由来については「専ら近〈時〉の文明を記して、この文明に進む所以の方略〈事〉

項を論じ、日〈新〉の風潮におくれずして、これを世上に〈報〉道せんとする」と解説している。啓蒙主義者としての福沢の顔がのぞいている。

福沢はここを舞台に言論活動を展開していくが、創刊直後の4月から5月にかけて掲載し話題を呼んだ社説が「帝室論」である。自由民権運動で一部の政党や新聞が皇室を持ちだし、尊皇論を掲げて他党を非難するのを危惧して、皇室の政治利用をいましめた。「帝室は政治社外のものなり」ではじまるもので、戦後の象徴天皇制を予言したような内容だ。

今なお議論がつづいている「脱亜論」が掲載されたのは、時事新報1885年3月16日付の社説である。

「日本は明治維新でアジア的な古いあり方を脱ぎ捨て、西洋近時の文明を取り入れた。〝脱亜〟の主義である。日本にとって不幸なことは、隣の支那（中国）も朝鮮も儒教主義にとらわれ近代化を拒否している」「我れは心に於て亜細亜東方の悪友を謝絶するものなり」（鈴木隆敏編著『新聞人福澤諭吉に学ぶ』産経新聞出版・2009年・126〜127頁）

福沢諭吉（写真提供：アフロ）

脱亜論をめぐっては様々な解釈があり、「悪友に謝絶」の言葉が独り歩きしているきらいもあるが、そもそも福沢は新聞をどうとらえていたかを見極めておく必要がある。

慶應義塾大学出版会のホームページ上で「時事新報史」を連

長谷川如是閑（写真提供：共同通信社）

載している都倉武之・慶大准教授は、福沢にとっての新聞について「あくまで『道具』であって、その言説は『方便』であり、世の中が彼自身の信ずる方向に変わることが目的なのである。……福沢の関心は、どのような球を投げるかではなく、球が引き起こす『波』に注がれていた」（第5回）という。福沢は自らが政治のプレーヤーであることを自覚して言説を吐いていた。たしかに当時の時事新報にはそれだけの影響力があった。

福沢が明治のリベラリストだとすれば大正デモクラシー期から昭和にかけて忘れてはならないのは長谷川如是閑（１８７５〜１９６９）だ。大阪朝日新聞で活躍したが、１９１８年、社会部長のとき「白虹事件」で退社した。この事件は、中国の古典で兵乱がおこる兆候とされる「白虹日を貫けり」という語句を記事中に用いたのは不敬罪にあたるとして政府が新聞の発行を停止、大阪朝日が全面的に謝罪したもので、言論統制のさきがけとなった。

如是閑は翌19年、雑誌『我等』を創刊し、そこを舞台に言論活動を続けた。20年、ロシアの無政府主義者クロポトキンの研究論文をめぐって攻撃された森戸辰男・東大助教授を擁護、言論・思想・学問の自由を訴えるなど、一貫して国家主義とのたたかいをつづけた（『長谷川如是閑評論集』飯田泰三・山領健二編／岩波文庫・１９８９年）。如是閑の言説がとどいた範囲は狭く、影響力は小さかったかもしれないが、自ら政治のプレーヤーとなって言論の自由を守ろうとしたことはたしかだ。

3 石橋湛山

東洋経済新報社で主幹、社長をつとめ「小日本主義」を唱え、膨張主義的な政府・軍部の路線を批判、もっとも急進的で一本筋のとおった言説を展開したのが石橋湛山（1884～1973）だった。戦前の自由主義言論人の最右翼といえば彼をおいてない。在野のエコノミストであり、戦後は政界入りし、首相となったが、病気のためわずか2カ月で退陣せざるを得なかった「悲劇の宰相」でもあった。

石橋湛山（『石橋湛山写真譜』東洋経済新報社，1973年，43頁より転載）

活動は多岐にわたり、言論人としても『東洋経済新報』に掲載した社説を中心に膨大な著作を残している。戦前のあの時代に、どうしてあそこまで透徹した歴史認識を持ち、日本の将来や世界の動向を見通せたのか、ただただ感服するしかない。いろんな識者の湛山評があるが、きわめて簡潔にまとめているのが増田弘著『石橋湛山』（中公新書・1995年・246～251頁）だ。

まず第一は自由主義と個人主義である。第二は合理主義と現実主義である。第三は実利主義と民主主義である。第四は世界主義と平和主義である。

言論人として、エコノミストとして、政治家として、3つの顔を持った湛山の思想と行動は、おそらくこの4点に集約されているだろう。

本書での問題意識であるジャーナリズム論については、第1章の「新聞の影響力」の節でも引いた36年の二・二六事件の直後、『東洋経済新報』3月7日号の湛山の社説「不祥事件と言論機関の任務／建設的批判に精進すべし」はメディアのあり方の本質を突き、実に耳の痛いことばを吐く。

「ことに遺憾なのは言論機関の態度である。かれ等(言論機関)は何等か事が起ると、必らず痛烈に要路のものを攻撃し、嘲笑し、罵倒する。しかし彼等自身が如何なる具体的建設案を提示したことがあるであろうか」

「かれ等はファッショの排撃すべきものなること、憲政の常道の望ましきことをいっている。それならばその憲政の常道を持ち来たすために、如何なる統一的努力をこれに捧げたることがあるであろうか。国民に対して政党政治を嘲笑することを教えたものは誰でもない、新聞自身だ。……彼等は唯だ低級なる読者の歓心を買う為めに、不知不識《しらずしらず》議会を排撃し、言論の自由を自ら失うことに努力していたのである」

新聞は批判するばかりで提案する力を持たず、政党政治を冷笑しそれがひいては政党政治そのものの否定につながることを分かっていないとの指摘は、その後の歴史が示すとおりだ。痛烈なメディア批判である。それはテレビのコメンテーターやワイドショーなど今日にもつうじる問題である。

湛山はまがうことなき自由主義者だった。あくまでも戦争に反対していた数少ない言論人の1人でもあった。

次に出てくる清沢洌は『暗黒日記』（44年4月3日）にこう記している。

「日本人は戦争に信仰を有していた。日支事変以来、僕の周囲のインテリ層さえ、ことごとく戦争論者であった。……これに心から反対したものは、石橋湛山、馬場恒吾両君ぐらいのものではなかったかと思う」（『暗黒日記』山本義彦編／岩波文庫・1990年・165頁）

4 馬場恒吾と清沢洌

時代が戦争に突き進んでいく中で、石橋湛山ほど有名ではないが、代表的な2人のリベラリストがいた。馬場恒吾（1875~1956）と清沢洌（1890~1945）である。

馬場については御厨貴著『馬場恒吾の面目　危機の時代のリベラリスト』（中公文庫・2013年）、清沢については北岡伸一著『清沢洌（増補版）』（中公新書・2004年）と優れた評伝があり、それらを参照しながら紹介したい。

馬場恒吾（写真提供：中央公論新社）

戦後、読売新聞の社長をつとめる馬場は、1932年から40年まで、ずっと日曜ごとに「日曜時評」（夕刊／夕刊廃止で35年7月から朝刊）に政治評論を書きつづけた。

たとえば1932年10月のコラムをみてみよう。

「今の日本は大戦前の独逸に似ている。……別に大戦をはじめる意志が決っていたのではないが、誰が始めるとなく、ずる〱に戦争を始め、終《つい》にはすべての国を敵にして戦わねばならなくなった。……只成り行きに任して居るのが一番危険だ。日本は島国であるからと云って波のまに〱、風のまに〱漂って行くだけでは行末碌なことはない」（『馬場恒吾の面目』76〜77頁）

第一次世界大戦後のドイツを論じながら、五・一五事件直後の日本を実に的確につかんでいる。その後の流れを考えると、その先見性には恐れ入る。

38年3月には「近頃われわれの仲間が顔を合わすと、きまって、どうも憂鬱だという。仲間というのは大抵原稿生活をしている連中であるから、言論統制の中にあっては、思うように何も書けないという意味なのである」と読者に言論の自由の必要性を訴えることも忘れなかった（１４６〜１４７頁）。

39年11月には「政治はこれでよいのか」と題するコラムで次のように書いた。

「支那事変という大戦争を始めた近衛内閣は今何処にある。平沼内閣は今何処にある。かれらは去って帰らず、今は阿部内閣になっている。国民はこの戦争を双肩に担っている。内閣は観光の旅客の如く、出て来てはやがて引込む。かれらが残した失敗の責任は一体誰が負うのだ」（１７１頁）

結局、政治指導者のだれも責任をとらずに、国が滅んだことを思うとき、馬場の指摘がいかに正鵠を射ていたことか。ただ残念ながら彼の言説が顧みられることはなかった。

もうひとりの自由主義者である清沢は若いころ米国にわたり、帰国後、中外商業新報（日本経済新聞の前身）で初代の通報（外報）部長をつとめた。20年代に同紙の「青山椒」や「自由槍」といったコラムに信濃太郎などのペンネームで執筆するが、自由主義言論人の中ではまだ無名で、とくに目立った存在ではなかった。退社して、評論家になり、とくに外交専門家として注目を集めるようになった。

ここでの関心事であるナショナリズムやジャーナリズムについての清沢の言葉を紹介してみよう。29年刊行の『転換期の日本』に収められた「愛国心の悲劇」は今なお十分通用する内容だ。

「愛国心というものは、すべての美と真をふくむものであろう。われらの教科書とわれらの道徳は、ことごとくそう教えているのであるから、これに間違いはないであろう。が、それは確かに算盤《そろばん》にのらないものではある」

「愛国心は地図の色と『国威』にのみ血眼《ちまなこ》になって、その根柢《こんてい》に算盤がない」（『清沢洌評論集』山本義彦編／岩波文庫・2002年・117頁と131頁）

清沢洌（写真提供：池田まり子さん）

愛国心という美名のもとで、排外的なナショナリズムが高まると何がおこるか。それは歴史の教えるところだが、清沢はいちはやく冷徹な眼を向け読者に覚醒を促していたことがわかる。

ジャーナリズム論も傾聴に値する。34年の「現代ジャーナリズム批判」と題する講演では、第1章の「新聞の影響力」の節で問題点を指摘したのと同様のことを語っている。

清沢は、新聞について国民性の鏡であるとして「一国の新聞ほどその国の国民性を表わすものはない……多くの読者を漁るために、どうしても国民が持っており、国民が考えておる傾向を裏書し、喜ばせるような記事で満されなくちゃならんという、こういうことになる」とまず語る。日本のジャーナリズムの特色について、第一に国家主義、第二に個性無視とゴシップ好き、第三に確実性の軽視をあげ、リベラリズムの立場も欠いていると指摘する。

そのうえで「世の中の何処にリベラリズムが必要でなくても、ジャーナリズムだけには両方の立場を公平に報道するというリベラリズムが必要である。そしてこれが新聞の成功の秘訣のようでありまして、世界の新聞の歴史を観ると大体にそういう新聞が成功をしておるようであります」とリベラリズムの必要性を強調する（同228〜249頁）。

メディア論も含めて筋金入りの自由主義者だった。精神主義をとりわけ嫌悪した。『暗黒日記』と呼びならわされている彼が残した日記もその視点は一貫している。

44年2月18日「近頃の新聞とラジオは、ますます精神的になっている。そして全然見透しを謬《あやま》った連中が、処得顔《ところえがお》にのさばっている。徳富（蘇峰）……の如きが然りだ」（『暗黒日記』山本編148頁）

同3月16日「戦争の責任者は誰なのだ。……徳富蘇峰などが、最も大きなその一人ではないか。日本歴史や日本精神をむやみに誇張して対手の力を計らなかったのは、彼らではないか」（155頁）

徳富蘇峰への筆鋒はとくに鋭いものがある。しかし清沢のこうした考え方は時代の大きな流れの中で、ほとんど無視された。

石橋湛山、馬場恒吾、清沢洌といったメディアのリベラリストたちは政治のプレーヤーとして脇役さえ演じることができなかったのが戦前の日本だ。

5　桐生悠々と菊竹六鼓

地方でたたかった言論人がいたことも知っておく必要がある。桐生悠々（1873〜1941）と菊竹六鼓（1880〜1937）である。

桐生悠々（写真提供：朝日新聞社）

信濃毎日新聞の主筆だった桐生悠々がその名をはせた社説「関東防空大演習を嗤《わら》ふ」を書いたのは、五・一五事件の翌年33年の8月だった。東京を中心に関東地方で実施された防空演習について、極めて冷静でリアリスティックな筆さばきで、批判してみせた。

「敵機を迎え撃っても……一、二、三のものは、自然に、我機の攻撃を免れて、帝都の上空に来り、爆弾を投下するだろう……木造家屋の多い東京市をして、一挙に、焼土たらしめるだろう……投下された爆弾が火災を起す以外に、各所に火を失し、そこに阿鼻叫喚の一大修羅場を演じ、関東地方大震災当時と同様の惨状を呈するだろう……しかも、こうした空撃は幾たびも繰り返えされる可能性がある。……敵機を関東の空に、帝都の空に、迎え撃つということは、我軍の敗北そのもの

菊竹六鼓（写真提供：西日本新聞社）

である」（井出孫六著『抵抗の新聞人　桐生悠々』岩波新書・1980年・167〜170頁）

それから十数年後の東京大空襲をはじめとする各地の空襲を実に的確に予言したものだった。この社説は軍の怒りを買った。とくに見出しの「嗤ふ」がいけなかった。在郷軍人会による信濃毎日の不買運動に発展、悠々は9月に退社した。

福岡日日新聞（西日本新聞の前身）の編集局長だった菊竹六鼓（本名・淳）は、五・一五事件に衝撃を受け、翌日の32年5月16日夕刊に異例の社説「首相兇手に斃《たお》る」を執筆する。陸海軍将校による犬養毅首相の殺害について「政治家を虐殺するに至っては、彼らは真に政治の改革を望むものにあらずして、自家の政治的野心を遂げんがためにする一妄動であると断ずるのほかはない」「老首相を、政治の改革に藉口《しゃこう》して虐殺しさるに至っては、国家を混乱潰滅に導くほか、なんの目的なきものと断ぜざるをえない」と痛烈に批判した。

翌17日付には社説「敢て国民の覚悟を促す」を掲載し、「言語道断の沙汰と謂わねばならぬ」と首相襲撃を非難、「国民に対する挑戦に向かっては、断々乎《だんだんこ》としてこれを排撃するの堅き決心を懐かんことを要求せねばならぬ」と軍部の暴走を阻止する必要性を訴えた。

そのあとも「宇垣総督の談」(18日付)、「騒擾事件と輿論」(19日付)、「当面の重大問題」(20日付)、「憲政の価値」(21日付)、「非常時内閣の使命」(28日付)とたて続けに社説を掲載、軍部批判の論陣を張った。

多くの新聞は腰がひけて、ほとんど批判らしい批判をしなかった中で、福岡日日の六鼓は傑出していた。その点は19日付の「騒擾事件と輿論」で明快に言い切っている。

「今回の事件に対する東京大阪等の諸新聞の論調を一見して、何人もただちに観取するところは、その多くが、何ものかに対し恐怖し、畏縮して、率直明白に自家の所信を発表しえざるかの態度である。言うまでもなく、もし新聞紙にありて論評の使命ありとせば、かくのごとき場合においてこそ、充分に懐抱《かいほう》を披瀝して、いわゆる文章報国の一大任務をまっとうすべきである。しからずして左顧右眄《さこうべん》、言うべきを言わず、なすべきをなさざるは、断じて新聞記者の名誉ではない」(以上、木村栄文著『記者ありき　六鼓・菊竹淳の生涯』朝日新聞社・1997年・158~176頁)

メディア批判も痛烈である。「言うべきを言わず、なすべきをなさざる」中で、敗戦への道をひた走っていったのである。戦争責任のいったんがメディア、とりわけ新聞にあるのは論をまたない。福沢諭吉からはじまるリベラリズムの系譜をメディアがいかに引き継いでいくかも今また問われている。

〔参考文献〕
ベネディクト・アンダーソン『定本　想像の共同体　ナショナリズムの起源と流行』(白石隆・白石さや訳／書籍工房早山・2007年／原著1991年)

嶺隆『新聞人群像』（中央公論新社・2007年）
奈良岡聰智『対華二十一ヵ条要求とは何だったのか』（名古屋大学出版会・2015年）
前坂俊之『太平洋戦争と新聞』（講談社学術文庫・2007年）
朝日新聞取材班『新聞と戦争』（上・下／朝日文庫・2011年／初版2008年）
山中恒『新聞は戦争を美化せよ！　戦時国家情報機構史』（小学館・2001年）
古谷経衡『ネット右翼の終わり　ヘイトスピーチはなぜ無くならないのか』（晶文社・2015年）
J・S・ミル『自由論』（塩尻公明・木村健康訳／岩波文庫・1971年／原著1859年）
渡邉恒雄『反ポピュリズム論』（新潮新書・2012年）
バーナード・クリック『デモクラシー』（添谷育志・金田耕一訳／岩波書店・2004年／原著2002年）
吉田徹『ポピュリズムを考える　民主主義への再入門』（NHKブックス・2011年）
水島治郎『ポピュリズムとは何か』（中公新書・2016年）
筒井清忠『近衛文麿　教養主義的ポピュリストの悲劇』（岩波現代文庫・2009年）
古川隆久『近衛文麿』（吉川弘文館・2015年）
大嶽秀夫『小泉純一郎　ポピュリズムの研究』（東洋経済新報社・2006年）
真柄昭宏『ツイッターを持った橋下徹は小泉純一郎を超える』（講談社・2012年）
鈴木隆敏編著『新聞人福澤諭吉に学ぶ』（産経新聞出版・2009年）
都倉武之「時事新報史」（慶應義塾大学出版会ホームページ）
『長谷川如是閑評論集』（飯田泰三・山領健二編／岩波文庫・1989年）
増田弘『石橋湛山』（中公新書・1995年）
清沢洌『暗黒日記』（山本義彦編／岩波文庫・1990年／初版1954年）
御厨貴『馬場恒吾の面目　危機の時代のリベラリスト』（中公文庫・2013年／初版1997年）

北岡伸一『清沢洌（増補版）』（中公新書・２００４年／初版１９８７年）
『清沢洌評論集』（山本義彦編／岩波文庫・２００２年）
井出孫六『抵抗の新聞人　桐生悠々』（岩波新書・１９８０年）
木村栄文『記者ありき　六鼓・菊竹淳の生涯』（朝日新聞社・１９９７年）

第3章　記者の実相

1――職業としての新聞記者

民主主義が成り立つためには言論・表現の自由がなければならない。多様な言論が繰りひろげられる中から、真理や誤りはおのずと選り分けられていき、合理的な結論に達するという考え方にもとづくものだ。そのためには新聞が必要で、担い手になるジャーナリストの存在がとても重要になってくる。プロフェッショナルとしての記者のあり方、役割、プレーヤーとしての新聞とその機能などを考えたとき、新聞が本当に民主主義のために必要不可欠かが厳しく問われる。

1　新聞記者という存在

情熱・責任感・判断力――この3つの資質が政治家にとってとくに重要である、とマックス・ウェーバーが指摘したのは広く知られている（『職業としての政治』脇圭平訳/岩波文庫・1980年・77頁）。

職業としての新聞記者にとっても当然、大事なことがある。それはいったい何なのだろうか。しばしば「原稿より健康」といわれるように肉体的な強靱さ、相手次第で動くしかないので忍耐力をはじめとする精神的な強靱さ、それに機敏で臨機応変の頭脳の柔軟さが、まずは思い浮かぶ。

編集・報道に長く携わってきた記者には、それぞれ自らの体験にもとづいて、いろいろなとらえ方があるだろう。十人十色、手前みそのものもあれば、ずっと昔から変わらないものもあるに違いない。ここではその「不易」のものをあげてみよう。

ぐっと歴史をさかのぼって、大正４年というから１９１５年、杉村楚《そ》人冠《じんかん》（本名・広太郎）があらわした『最近新聞紙学』（中央大学出版部・１９７０年）がそれだ。今では、ほとんど顧みられることもないようだが、ジャーナリズム論の古典ともいうべき本である。１００年前の本だからいろんな点で今と違うのは当然だが、内容的にはまったく古びたところがない。一昔前、新聞記者を職業に選んだ人間は一読を薦められたものだ。

杉村楚人冠（１８７２〜１９４５）は和歌山県の生まれで、英吉利《イギリス》法律学校（中央大学の前身）に学んだ。通訳や翻訳の仕事をしていたが、のちに朝日新聞に入り、日露戦争のあと英国に特派された。名文家として知られるだけでなく、英米の新聞事情を研究し、帰国後には調査部や記事審査部をはじめてつくり、縮刷版を考案し、『アサヒグラフ』を創刊するなどアイデアにも富んでいた。

彼は取材記者にとって必要なことについて３分類で、計13項目を示している。すべて今につうじるもので、ここに言い尽くされているといっていい。

3分類は「己」「人」「(会)社」で、それに対する「用意」という表現を用いているが、ここでは用意を「心構え」と言いかえるなど意訳して、以下、紹介したい(『最近新聞紙学』58〜78頁)。

a 記者自身の心構え

①傲慢にならず卑下することもなく世の中のために仕事をしている誇りを持つ
②取材し記事化する際には利害得失や人間関係にとらわれてはならない
③生活のためだけに仕事をするのではなく、腰を軽くし、多少の遊び心を持つことが大事だ
④記事の材料は至るところに転がっており、常に感度を良くしたい
⑤臨機応変でなければ、いい取材はできない
⑥距離・人数など数量をつかむことが必要だ

b 取材先に対する心構え

⑦他人に不快感を与えず、わざとらしい態度は避けなければならない
⑧どんな場合でも、記事を掲載するかしないかの約束はしない
⑨いかなる場合もニュースソースを秘匿しなければならない

c 会社に対する心構え

⑩新聞はチームワークでつくられるもので、無名の献身的な精神が必要だ
⑪担当外のことでも常に注意を払い、情報を拾い上げていかなければならない
⑫特ダネは新聞社にとって極めて大事で、全力でめざすべきだ
⑬まず疑ってかかり、間違いないと確信を持てるところまで調べるが、新聞に載せない情報もある

「職業としての新聞記者」にとってのポイントは、おそらくここに網羅的に述べられている。

ひとつの例をあげよう。産経新聞の大阪本社で文化部長をつとめた司馬遼太郎（1923〜96）は「生まれ変わっても新聞記者になりたい」と語ったが、理想の新聞記者について、次のように書いている（産経新聞社『新聞記者　司馬遼太郎』文春文庫・2013年）。

「私のなかにある新聞記者としての理想像はむかしの記者の多くがそうであったように、職業的な出世をのぞまず、自分の仕事に異常な情熱をかけ、しかもその功名は決してむくいられる所はない。紙面に出たばあいはすべて無名であり、特ダネをとったところで、物質的にはなんのむくいもない。無償の功名主義こそ新聞記者という職業人の理想だし同時に現実でもある」（223頁）

杉村楚人冠の⑩「無名の献身的な精神」そのものである。

2　記者の役割

新聞をはじめとする記者の役割とは何なのかを次に考えてみたい。朝日新聞で政治取材に長く携わり

政治部長、論説主幹から主筆をつとめた若宮啓文（1948～2016）がその著書『新聞記者　現代史を記録する』（ちくまプリマー新書・2013年）で取材経験をもとにした見方を示している。

若宮は4点をあげる。まず第一は、正確さである。「新聞の記事は新しければそれでよいというものではない。……社会で起きていることを、いち早く、正確に伝えること。それは報道のイロハだと言ってもよく、新聞の信用性はまずそこにある」（12頁）。これは新聞の大前提である。週刊誌やネットに比べて新聞の情報が正しいと信じられているのは、丁寧な取材と紙面化に向けての厳格なチェックがなされていると受けとめられているからだ。

第二は、怒りや矛盾に光をあてることだ。「新聞には本質的な役割がある。社会の人々が怒りを感じたり、矛盾に悩んでいたりすることを積極的に取り上げることだ。……声の小さな人々や、陰に隠れがちな問題……にも光を当てること」（50～51頁）である。

これは第4章の「モデルと現実」の節で取り上げる蒲島郁夫（熊本県知事・東大名誉教授）が唱えるメディア多元主義モデルにつながるものだ。このモデルは、権力の外にあって普通では取り上げられない集団や個人の望むものをメディアが報じることにより、その存在が認識されて政治の世界に新しいかたちの多元主義をもたらすというのが柱だが、そうした役割は社会部記者が果たしているケースが多い。

第三は、実像を把握し伝えることである。「新聞の大きな役割の一つは『権力を監視すること』にあると言われる。……要は実像をできるだけ正確に把握して伝えること。政府や政党の言うことを鵜《う》のみにしたり、彼らにとって都合のよい話を国民に伝えるようでは新聞の役割は果たせない」（102頁）。

自戒を込めてそう思う。各省や各政党の発表をチェックなしにそっくりそのまま報じたり、政治報道でも権力闘争ばかりに関心がいって本来報道すべき点がおざなりになったり、惰性に流れがちだからだ。

政治学者の丸山眞男が「日本の新聞社の『政治部』は正しくは『政界部』と呼ぶのがふさわしい伝統をもっている……真に政治的意義をもった出来事や問題は……むしろいわゆる政治面よりも(別の面に)ヨリ多く見出されるという倒錯的現象がますます甚しくなってきている」と批判したのは半世紀以上前のことだが、今に通じるものだ（『新装版　現代政治の思想と行動』未来社・2006年・531～532頁）。

第四は「ジャーナリズムはナショナリズムの道具ではない」という指摘である。「新聞が心すべきは、自分の国の論理だけでなく、相手国の考え方も正確に把握して知らせることだと思う。そこに一理があれば、率直にそう評価しなければならないし、おかしな点は相手国にもそれを冷静に伝える努力がいる。いちばん悪いのは、相手の理屈を頭から否定したりさげすんだりすることだ」（『新聞記者』171頁）。第2章の「ナショナリズムの培養装置」の節で触れたように、メディアが排外的で偏狭な闘うナショナリズムをあおらないようにすることが極めて大事なのは歴史が示すとおりだ。

3　権力の監視犬か愛犬か

現場感覚にもとづく若宮の類型化とは別に、メディアはしばしば立法・行政・司法と並び立つ「第四の権力」と呼ばれたり、聖職者・貴族・平民に次ぐ「第四階級」と言われたりする。本書の問題意識からは、記者がどのような役回りを担っているかだが、いずれにしても「第四のプレーヤー」ということになる。

わかりやすいたとえとしてメディアを犬になぞらえるものがある。権力との関係、距離感での分類だ。けっこう本質を突いているので、それを紹介しよう。

1つ目は「監視犬（watch dog）」である。番犬とも言われる。これがメディア本来の役回りである。権力が間違った行動、全体的な利益に反する行動をとらないよう監視し、批判する存在だ。

2つ目は「誘導犬（guide dog）」である。政府や政党の言うことを鵜のみにして彼らに都合のいいことを伝えるだけの存在。大本営発表であり、記者クラブ制度や番記者の弊害としてかねて言われているところだ。

3つ目は「護衛犬（guard dog）」である。政党や派閥など一部の集団の主張を代弁し、他の集団を批判し攻撃する存在だ。一昔前の自民党の派閥全盛期に一部の記者に見かけられた傾向で、担当した派閥の代弁者のような記者がいたのは残念ながら否定できない。

4つ目は「愛玩犬（lap dog）」である。権力に完全に従属した存在だ。昔はともかく今ではこうした記者はいないと信じたいが、権力者はいかにして記者を取りこむか、陰に陽に働きかけ自家薬籠中のものにしようと腐心するのは事実だ。

メディアが政治のプレーヤーになっているのは間違いないとして、メディアが本来果たすべき監視犬の役回りだけでなく、権力の「愛犬」となる面があるのもまた事実だ。それが常に出てくるメディア批判である。

もっと別の視点からの分類もある。メディアが政治過程で担っている機能に焦点をあてるものだ。内山融「マスメディア、あるいは第四の権力?」（佐々木毅編著『政治改革1800日の真実』講談社・1999年・301~382頁）は、それを「ミラー」「アリーナ」「アクター」に3分類する。

ミラーとは読者・視聴者に日々おこっている出来事や世論の状態をありのままに報道する——鏡のように映し出す——機能である。一般の新聞報道、ニュース番組などがそれにあたる。

アリーナとはもともと闘技場の意味だが、さまざまな人々が自由に意見表明と議論を繰りひろげる場を提供する機能だ。新聞のインタビュー記事やテレビの討論番組などである。

アクターとは行動主体をさすが、メディアが政治過程の主体的な参加者として自ら主張を直接に表明する機能である。新聞の社説やコラム、テレビの解説者のコメントなどがそうだ。

内山は1990年代の政治改革のプロセスを分析しているが、当時、第1章の「テレビの影響力」の節でも触れたように政治家がどんどんテレビに出て発言し、テレビが「アリーナ」になったことで何がおこったか。政治改革の「雰囲気」「勢い」「空気」ができあがったのである。それは「沈黙の螺旋」仮説を想起させると内山はいう。

「沈黙の螺旋」は第2章の「ナショナリズムの培養装置」の節でもナショナリズムが高じていくときの現象として言及したところだが、声高に主張される意見を支持する人は、その意見をますます強く主張するようになる。一方で、その意見に反対する人は沈黙を保つようになる。そんな現象だ。自らが多数派だと思えば遠慮なく発言し、少数派だと思えばだんまりを決め込むことが螺旋状に広がっていく過程である。

思いおこせば、当時、政治改革派の声は次第に大きくなっていき、逆に慎重派の声は小さくなっていく螺旋現象がおこったのはたしかだ。日本中を政治改革の「熱病」に巻き込んだのはまさにこのプロセスだった。

4 アクターとしての新聞——社説はどうつくられるか

丸谷才一（1925～2012）の小説に『女ざかり』（1993年刊）という作品がある。大手新聞社の女性の論説委員が主人公で、吉永小百合の主演で映画にもなった。その中にこんなくだりがある。「新聞の論説は読まれることまことにすくなく、一説によると全国の論説委員を合計した数しか読者がゐないといふ」。小説や映画が話題になったころ社説を担当する論説委員たちは、苦笑しながら「もう少しは読まれているだろう」と自虐的に反論したものだ。

社説については「床の間」にたとえられたりもした。生活する空間ではないとしても、そこが立派か、お粗末かで家のたたずまいそのものが変わってくるというわけだ。しかし床の間のない家がほとんどの昨今ではこのたとえはもはや通用しないだろう。

しかし、社説は「無用の長物」でも「無用の用」でもない。有用というより必要なのである。逆のいい方をすれば、自らの論を展開する社説があってはじめて言論機関としての新聞が成立する。新聞の定義を問われれば、社説の有無といっていい。社説なきものは新聞ではない。

テレビやラジオに社説はない。国から電波の周波数を割り当てられ、放送法により「政治的公平性」（4条1項2号）を求められているためだ。監督官庁は総務省である。新聞については株式の譲渡制限を認める通称・日刊新聞法はあるものの、言論や表現に枠をはめる法律はない。放送はもちろんジャーナリズムである。しかし報道機関であっても新聞のように自らの会社の考え方や見方を示す言論機関ではない。また制度上、そうなってはならないのだろう。

では社説はどのようにつくられているのか。読売新聞で論説委員長や副社長・論説担当をつとめた朝倉敏夫著『論説入門』（中公新書ラクレ・2010年）も参考にしながら紹介しよう。

日々の社説の作成作業は、まず当日の社説のテーマを決めるところからはじまる。政治・経済・国際・科学・社会など、あらあら日程が分かっているケースが多いので、週のはじめにとりあえずの社説のラインナップは固めておく。そのうえで当日の動きにあわせて修正していくが、当番のデスク（＝論説副委員長）が、担当する専門の論説委員や他の副委員長と相談しながら方向づけしていく。

論説委員はそれぞれの分野から専門性の高い記者が選ばれている。全国紙の場合、社説を執筆しているのは20人前後で、朝日・毎日・読売3紙は論説委員の専任だ。産経・日経は編集紙面に解説記事などを執筆する編集委員などとの兼務の論説委員もいる。

論説委員による会議で、副委員長が方向づけしたテーマや、社説の内容についても決めていく。合議制が基本で、担当の論説委員が事実関係や背景などを説明、なにを主張するのか、どういう書き方をするかをめぐり、議論する。基本は全会一致で、担当の論説委員の意見にだれかが注文をつけ、それにとくに異論がなければ、その趣旨も社説に盛り込むことになる。

どうしても意見がまとまらなければ論説委員長（朝日は論説主幹）が判断を下す。重大な決断を迫られるものは主筆（社長）にゆだねることになるが、そうした例はめったにない。

社説の執筆は担当の論説委員があたるが、当番の副委員長がチェックし、書いたものは各論説委員が目を通し、細かい言い回しまで注文をつけて手直しする。社説は個論（私論）ではなく、あくまでも会社の論である。だから社説には署名がない。

では社説がどこまで世論を作り、動かしているのかだが、読者数が丸谷才一のいう「全国の論説委員を合計した数」は悪い冗談で、政策決定に直接タッチしている政治家や官僚は当然のこととして影響力を気にしている。経済人や知識人もけっこう目をとおしている。第1章で触れたように新聞各紙の立場が分かれているため、自分の立ち位置を確認する引照基準になっている面もある。

5　新聞の機能を考える

新聞は歴史の秒針であると評したのはドイツの哲学者ショーペンハウアー（1788〜1860）である（『ショーペンハウアー全集』13・秋山英夫訳／白水社・1973年・308頁）。新聞は、時間の流れを記録するものだ。同時に、第2章の「ナショナリズムの培養装置」の節で触れた「近代人には新聞が朝の礼拝の代わりになった」とのヘーゲルの言葉にもみられるように、それを日々たゆむことなく行っているところに最大の特色がある。

書籍は古典として読み継がれるものを除いて、消費されておわる。新聞は縮刷版を通じて歴史に残る。後世の史家がある時代を振りかえるとき、その時々の息づかいを知ろうとすれば、新聞をみるのが一番てっとり早い。新聞は記録のメディアであり、歴史に残るメディアである。だから何を書いたか、どんな論評をしたのか、歴史の証言台に立たされる。第2章の「新聞リベラリズムの系譜」の節で言及した石橋湛山や馬場恒吾を思いおこせば理解してもらえるはずだ。

ショーペンハウアーの時計のたとえを拝借すれば、新聞には記録だけでなく時代の動きを刻んでいく機能が内在している。「時計としての新聞」を考えると、いくつかの特徴が浮かんでくる。

第一は「時刻を示す機能」である。それはものごと、できごとの本質を伝える機能といいかえてもいい。建前と本音を明らかにし、表層と深層を浮きあがらせる報道である。

新聞はニュースで競う。各社共通の情報ではなく、自社だけの特ダネ・独自ものを追い求める。時間がたてば分かる特ダネもあれば、記者が気づいて記事化して掲載しなければそのまま闇に埋もれてしまっていたものもある。

生のニュース記事はもちろんだが、解説記事などでその背景や裏面を報じることによって明るみに出るものもある。それによって時計の針を今何時何分ときちんと示す機能である。

第二は「針を動かす機能」である。新聞は価値判断の勝負である。1面にどんな記事を掲載し、2面以下の中の面をどうつくるか、それぞれの面で何をトップ記事にして、準トップをどうするかといったニュースの価値判断で競っている。その扱いが各社の売りなのである。

そこである問題意識をもって、ものごとを動かそうとすれば、その関連の記事を大きく扱って読者にアピールしていくことになる。たとえば行政改革や綱紀粛正などのキャンペーン報道がそうだ。

ニュースがとれればもっといい。他社が追随してくれれば、ある種の波をおこすことも可能になる。とりわけ横並び意識の強い日本のメディアでは、いちど転がりはじめると、どんどん進んでいく。社会にある種の「空気」が醸成される。そうなると時計の針を進めることが可能になる（第4章第1節6「ウェーブモデル仮説」参照）。

第三は「アラームを鳴らす機能」である。権力のチェック機能だ。監視犬としてのメディアの存在とも通じるものだが、警鐘を鳴らす機能だ。調査報道といわれるものがその典型だ。

米国のウォーターゲート事件の報道が有名だが、１９８８年のリクルート事件の報道などもそうだ。都合の悪いこと、不正や疑惑などを明るみに出して政府・政党や政治家の責任を追及し、政治をただしていく。「時計としての新聞」は政治のプレーヤーとしての機能でもある。

2——歴史としての政治記者

プレーヤーとしての政治記者の歴史は古い。取材しているのか、政治を動かしているのか、本人たちも分からなくなっているケースがある。実際に政治の世界に飛びこむ例も目立つ。過去にさかのぼってみてみると記者のあり方について改めて考えさせられる。

1 政論記者から報道記者へ

日本人が最初に発行した新聞は1862年（文久2年）、江戸本所の洋書店の万屋兵四郎《よろずやひょうしろう》を発売元に創刊された蕃書調所編集の「官板《かんぱん》バタヒヤ新聞」で、おもに海外事情の紹介を内容としたものだったそうだ。

日本初の日刊紙が発行されたのは1870年（明治3年）12月で、「横浜毎日新聞」である。名前をかえながら1940年（昭和15年）までつづいた。今日に及んでいるものでいちばん古いのは1872年創刊の「東京日日新聞」、現在の毎日新聞である（佐々木隆『シリーズ日本の近代　メディアと権力』中公文庫・2013年・28頁と46頁）。

明治初期にはいくつもの新聞が創刊されるが、いずれも新政府による上意下達のメディアとしてスタートしている。

明治期の新聞にはいくつかの節目がある。最初は1874年、自由民権運動のはじまりとなる板垣退助らによる民撰議院設立建白書の提出だ。これをきっかけに政府と新聞の蜜月時代にピリオドが打たれた。言論中心の政論新聞である「大新聞《おお》」と、娯楽中心の「小新聞《こ》」に大別されることになる。大新聞も早期の議会開設を求める民権派新聞と、政府支持の官権派新聞（御用新聞）に分かれる（山本武利『新聞記者の誕生』新曜社・1990年・90頁）。成島柳北、末広鉄腸、福地桜痴らが民権派の論陣を張った。

1877年の西南戦争をへて反政府運動は、剣をペンに持ちかえたものになった。明治十四年の政変のあと、自由民権運動が盛り上がる時期が次の節目となる。82年に福沢諭吉が「時事新報」を創刊したのはすでに述べたとおりだ。「独立不羈」を標ぼうし、ほかがほとんど党派の機関紙である中で、中立の言論新聞をめざした。なお政論新聞の時代はつづいていた。新聞記者が政治運動の中心にいたわけで、政治のプレーヤーそのものだった。

1889年、大日本帝国憲法が発布され、翌90年に帝国議会がはじまると政論新聞は衰退し、報道新聞の時代を迎える。スキャンダルの追及や社会批判的な言論が出てきて、とどめを刺したのは日清・日露の両戦争だった。戦争がはじまれば読者の関心は戦果であり、親族・知人・友人の安否であり、求められるのは政論よりも報道になる。

2 記者クラブと番記者

今日につづく問題となっている記者クラブができたのは、まさに帝国議会が開設された1890年である。議会の傍聴を認める傍聴券の分配をめぐって各社の記者団が話し合う中で「議会出入記者団」を結成したのがはじまりだ。のちに「同盟記者倶楽部」として、議会担当の本格的な記者クラブが誕生した。

つづいて外務省に霞倶楽部、陸軍省に北斗会、海軍省に黒潮《こくちょう》会といった記者クラブができた。1910年ごろになると各省庁のほとんどに記者クラブが普及した。

そこでは取材する側とされる側で親密な関係も生まれてくる。朝日新聞の政治部で海軍省の黒潮会を担当した杉本健著『海軍の昭和史　提督と新聞記者』（文春文庫・1985年）には、戦前、海軍を担当した記者の取材の実態が余すところなく示されている。

人間関係から情報を引き出すのは、どんな時代も変わらない。

1939年、中外商業新報（日本経済新聞の前身）で黒潮会を担当していた荻原伯永（のち外報部長）の結婚式に海軍次官の山本五十六が出席する。山本は杉本が1年前に結婚したことも知っているなど「山本は、日ごろ顔を合せる新聞記者の身上《しんじょう》についても、ちゃんと気を配っている。山本の対人関係は行き届いていた」と書く。そして披露宴までの待ち時間に宴会場のロビーで、杉本記者は山本次官と話し込む。杉本は、山本から「独逸がソ連と不可侵条約を結ぶかも知れないというんだ」と独ソ不可侵条約の締結交渉が進んでいるとの情報をそれとなく聞き出す（121〜122頁）。

取材の仕方が今とほとんど変わらない。夜に自宅を訪れて取材する「夜討ち」も敢行している。「私（杉本記者）も、ときどきここ（港区赤坂の霊南坂教会の隣にあった山本五十六海軍次官の官舎）に〝夜討ち〟を試みたが……十度に一度か二度……成功すれば上々の部であった。……話が興に乗ると、こちらが参るくらいになっても山本は言葉を続ける。いつだったか、深夜の零時ごろから午前二時乃至《ないし》三時近くまで会っていた」（149〜150頁）

記者クラブの内情を示すエピソードも出てくる。

「〝山本五十六がこんな話をした〟というのは、なかなかの影響力をもっていた。山本との『次官会見』に加わるための狙いだけで黒潮会に入会してくる記者の数が増え」「困ったことには……中に兜町（日本橋の株屋街）と通じているらしい者も一人二人あって……会見を終えたその足で、その方面へ向い……内容を伝えているという噂が出て、私達の方で自主的に黒潮会員の粛正整理を敢行した……これに反対する群小通信社と幹事との間で、取っ組み合いまで演ぜられる場面が見られた」（１３７頁）

記者クラブの出発点は、記者の側からすれば各社がまとまることにより、議会や政府の取材の壁を突き破る狙いだった。逆に政府側からは記者団に便宜をはかることで世論操作をする目的がはっきりしている。

記者クラブの問題点については、閉鎖性、癒着、情報操作など、さまざま指摘されている。ＥＵ（欧州連合）の駐日欧州委員会代表部が日本政府に提出した規制改革の要望のなかにも記者クラブの廃止が織り込まれたことがある。

日本新聞協会は２００２年、記者クラブについて「取材・報道のための自主的な組織」で「開かれた存在」であり、外国報道機関にも開かれており、より開かれた会見をそれぞれの記者クラブの実情に合わせて追求していくべきだ、という見解をまとめているが、ネット環境が整い状況は大きく変化。記者会見をネットで、どこでもだれでも見ることのできる時代になっている。

ただ記者クラブ制度のもとでの記者発表や事前説明、懇談など、そのあり方も含めてなお議論のあるところだ。

記者クラブと並んでしばしば批判されるのが番記者だ。首相の動静を四六時中追いかける総理番については、第2次安倍晋三内閣では首相官邸の3階の出入り口で来訪者をチェックするだけになっている。その結果が朝刊各紙の首相動静欄に掲載される。首相執務室のある5階は官房長官室や官房副長官室などと内廊下でつながっており、官房長官や副長官は番記者のチェックを受けることなく首相のもとを自由に行き来できる。首相執務室の前に張りついて官房長官や副長官の出入りも、逐一動静を確認できた2002年4月までの旧首相官邸のころとは異なる。これをもとにした分析などもあるが、実態としてデータの連続性は失われている。

官房長官、自民党の幹事長といった情報が集中する役職では、マンツーマンディフェンス型の番記者の取材体制はなおつづいている。政治家の個人差もあるが、記者との距離感は派閥の時代とは様変わりである。以前は、記者が担当した派閥から官房長官や幹事長が出れば、そのまま番記者に移行し、濃密な人間関係を武器に取材したものだ。そこには取材先と記者との貸し借りを含め、互いに情報をコントロールする場面もないわけではなかった。

派閥担当の番記者に関しては、小泉純一郎首相の政治破壊により派閥が壊れ、以前に比べるとほとんど意味のない存在となっている。首相官邸主導でものごとが決まっていく「安倍一強」の中で派閥には情報がない。内閣改造・党役員人事にしても、昔のように派閥の領袖に決定権があるわけではない。情報がないところを取材しても意味をなさない。

派閥の番記者制度は小泉―安倍によってほとんど実体がないものにされた。取材する側からみても自民党はすっかり変わってしまった。田中派・竹下派を軸とした派閥の時代を「自民党1・0」とすれば、小泉破壊で「自民党1・5」となり、2012年の政権復帰後の第2次安倍内閣で脱派閥の世界に入り「自民党2・0」になっているといっていい。

3 政治記者から政治のプレーヤーへ

派閥全盛期の自民党1・0を振りかえると、政治記者からけっこうな数が政治の世界に入り、プレーヤーになっている。

最初の区分としては政治記者から政治家になった面々で、実力者も出ている。朝日新聞からは緒方竹虎（自由党総裁）、河野一郎（農相・建設相）、田川誠一（新自由クラブ代表）、現在の毎日新聞からは川島正次郎（自民党副総裁）、保利茂（衆院議長）、安倍晋太郎（自民党幹事長・外相）、読売新聞からは伊藤宗一郎（衆院議長）、現在の日本経済新聞からは石田博英（労相）、田中六助（自民党幹事長）、中川秀直（自民党幹事長）とそれこそ枚挙にいとまがない。

派閥を担当したり、実力者と親しくなったり、取材をつうじて人間関係をつくりあげ、そこから政界へ打って出るケースが目立った。

今でも、政治記者以外も含め記者出身の政治家はかなりの数にのぼる。思いつくだけでも、朝日新聞・

松島みどり（自民党）、毎日新聞・高木陽介（公明党）、読売新聞・丹羽雄哉（自民党）、産経新聞・額賀福志郎（自民党）、日本経済新聞・近藤洋介（民進党）、NHK・竹下亘（自民党）、安住淳（民進党）、日本テレビ・石原伸晃（自民党）、テレビ朝日・笠浩史（民進党）などがいる。国会議員に転身する政治記者も相次いでいる。政治取材をしていると自ら国政を直接動かしたくなるのは、官界から政治の世界に飛び込む若手官僚と共通する心理のようだ。

二番目の区分は政治記者から政治家の秘書（官）になり政権の中枢まで入っていくケースだ。池田勇人内閣で秘書官をつとめた伊藤昌哉（西日本新聞）、佐藤栄作内閣の楠田實（産経新聞）、田中角栄の秘書だった早坂茂三（東京タイムズ）がそうだ。

しかし彼らの間でも派閥の領袖をはさんで、微妙で複雑な人間模様をのぞかせることもある。1960年7月、池田内閣の発足で首相秘書官になった伊藤昌哉（1917〜2002）は「言わず語らずのうちに総理秘書官になってしまった」（『池田勇人とその時代』朝日文庫・1985年・101頁）と自らのポストがすんなり決まったように書いている。

ところが当時、日経新聞の政治部次長だった田中六助（1923〜85）は、池田が自民党総裁公選に勝利した直後に本人から「総理秘書官をやってくれ」といわれた。「考えさして下さい」と答え、日経の上司と相談して3日後ぐらいに応諾の意向を伝えようとしたら秘書官は伊藤に決まっていた。伊藤をおしたのは官房長官に内定していた大平正芳で、田中六助は池田に裏切られたという思いだった。田中はその直後、会社を辞めて落選覚悟で衆院選に出馬するが、「秘書官にしてくれなかった池田首相に対する〝面当て〟からであった」。案の定、惨敗した（土師二三生『田中六助・全人像』行政問題研究所・1982年・145〜147頁）。

嫉妬と打算がうずまく政治の世界。そこでは権力に憑《つ》かれた人間の狂おしいまでのドラマが演じられる。

三番目の区分は永田町の仕掛け人ともいうべき存在である。「シマゲジ」の愛称で呼ばれNHK会長だった島桂次（1927〜96）がその著書『シマゲジ風雲録　放送と権力・40年』（文藝春秋・1995年）であけすけに書いている。

「池田勇人氏に始まり大平正芳氏、田中角栄氏、鈴木善幸氏など、私が心の底から友人として付き合った政治家は多い。それが周囲から誤解を招き、『権力の犬』と呼ばれたこともある。私に反省すべき点があるとすれば、ある時期の政治記者の多くがそうであったように、半分以上『あちら側の人間』になっていたことだ。……十手捕り縄がバクチ打ちを兼業しているようなものだった」（137頁）

もう一人、派閥記者ではないが、異色の存在としては、産経新聞記者から岸信介内閣の椎名悦三郎官房長官の秘書官になり、その後、「政界最後のフィクサー」と呼ばれた福本邦雄（1927〜2010）がいる。御厨貴・東大名誉教授らによるオーラル・ヒストリー『表舞台裏舞台　福本邦雄回顧録』（講談社・2007年）を残しており、政界の裏面を知る福本ならではの生々しい話を語っている。

その一例をあげると、今は昔の話だが、派閥の時代には政界ではカネの受け渡しが普通に行われていたことに関するエピソードである。

福本によると、田中角栄は自分で「田中角栄」と書いたカネを渡した。竹下登は自分の名前を書いたカネを自分で渡すようなことは絶対にしない。福本は選挙のとき銀座の料理屋「吉兆」で、竹下から「この金、悪いんだけれど、あの派閥の領袖か幹部に渡してくれ。自分から渡すわけにいかない」と頼まれた。そういう例が3回ぐらいあったという（183頁）。

4 プレーヤー・渡邉恒雄

実際に政治を動かしている最後の言論人が「ナベツネ」の愛称で知られる渡邉恒雄だ、といって否定するものは誰もいないだろう。さまざまな局面で政界の中枢に関与して、あるときは指南役として、またあるときは仲介者として、はたまた仕掛け人として、動いてきたからだ。

読売新聞グループのトップをつとめ、主筆として紙面の方向づけをしてきた渡邉は、鳩山一郎内閣が誕生した1954年、自由党総務会長の大野伴睦《ばんぼく》の番記者になった。その後、政治部長、論説委員長そして主筆と60年以上、政治の世界にかかわってきた。背景にあるのは、最大部数を誇る読売新聞の影響力の大きさである。

彼の証言（『渡邉恒雄回顧録』中公文庫・2007年）などをもとにいくつかの例をあげてみよう。

中曽根康弘を行政管理庁長官に

1980年、親しい関係を築いていた中曽根康弘が大平正芳首相亡きあとの鈴木善幸内閣で入閣するにあたり、渡邉は、同じ政治記者仲間で鈴木が属していた宏池会の担当だったNHKの島桂次に頼んで、鈴木に会った。すると「中曽根君には行管庁長官として入閣してもらいたい」と言われる。中曽根に伝えると「大蔵大臣か幹事長をよこせ」と言い出す。「やってみるけれども、おそらく無理ですよ」と答え、鈴木と何度かやりとりし、最後は鈴木と中曽根が直接電話で話をして、中曽根行管庁長官のポストが固まる（366〜367頁）。

「死んだふり解散」を進言

86年7月の衆参同日選をめぐり、渡邉は衆院の定数是正のための改正公職選挙法が成立してから公布、30日の周知期間、衆院解散のための臨時国会の召集、総選挙の公示・投票の日程を調べつくし、同日選が可能な日があるとして中曽根首相に建白書を渡す。ただ「死んだふり、寝たふりしなきゃダメですよ」ともアドバイスする（405〜406頁）。

同日選の結果、自民党は衆院で追加公認を含め304議席の大勝を収めた。

竹中ハードランディング路線の阻止

2002年、小泉純一郎内閣で竹中平蔵金融担当相が金融構造改革に向けて、金融機関の繰り延べ税金資産の自己資本への繰り入れ制度を改める構想を固める。渡邉は、これを実現すると大手銀行の自己資本の半分程度が吹き飛び、銀行の国有化、銀行の貸し渋り・貸しはがしが一挙に加速して日本経済は大変な事態に陥ると判断。青木幹雄参院幹事長、麻生太郎政調会長らに働きかけて、竹中構想を阻止する（『わが人生記』中公新書ラクレ・2005年・87〜88頁）。

自民・民主の大連立構想

2007年8月、長野県軽井沢のホテルに滞在していた渡邉のもとに一本の電話が入る。民主党代表の小沢一郎が信頼を置く元大物官僚からだった。「小沢さんが大連立をやるべきだと言っている。ナベさんと私が連絡役をやって大連立をやろうじゃありませんか」――。

7月の参院選で大敗し安倍晋三内閣はすでに死に体で、大連立の必要性を痛感していた渡邉は、福田康夫を「ポスト安倍」の最右翼とにらみ、8月下旬から福田と小沢にそれぞれ会い、感触をさぐって構想の実現に向けて動く。その後、いろんな経過をへて結局、大連立構想は頓挫する。

詳細は『反ポピュリズム論』（新潮新書・2012年）に譲るとして、ここまで現実政治に関与している新聞記者は渡邉をおいてほかにない。義理と人情の政治家といわれた大野伴睦を担当したこともあるのか、新聞記者仲間をはじめ政治家・官僚とのネットワークを大事にして、それを生かしながら、新聞の影響力をバックに動く。その姿は毀誉褒貶《きよほうへん》相半ばする。プレーヤーとしての記者そのものである。

3――生き物としての新聞記者

新聞力・ジャーナリズム力に磨きをかけるにはどうしたらいいか。現場で動き回る記者たちに求められるものは何か。方法論はいろいろあるに違いない。しかし言うは易く行うは難し。記者も人間。いざ実際にやれるかとなるとそう簡単な話ではない。観念論だけではうまくいかないのが、人間という生き物を相手にする取材である。プレーヤーとしての記者は現場で場数を踏んで取材先に肉迫する中から育っていく。ただそこにも従来のアナログ取材ではなく、ケータイやメールといったネット時代の波しぶきがかかりはじめている。

1 新聞力とは何か

新聞は日々、読者に届ける紙面がすべてである。朝夕刊があるところなら、消費期限はわずか半日の短い命の商品だが、読者に有用で有益な情報を伝えられるかが勝負である。それはしっかりした正確なものでなければならない。そのためには入念な取材を踏まえ、かみくだいて一般の人がわかるような記事にして読んでもらうことが何より大事だ。特ダネ、スクープをめざすのは当たり前で、ニュースの発掘こそが記者の生命線である。取材力の勝負だ。取材で得た情報をいかにして、どういう扱いで新聞紙面に載せていくかが編集作業である。ここも新聞の肝だ。それぞれのニュースの価値判断である。編集力の勝負だ。

取材力と編集力によって紙面の質が変わってくる。新聞力（y）はその関数である。取材力を分解すれば4つになる。A＝Action（行動）、B＝Belief（信用）、C＝Check（照合）、D＝Distance（距離）である。そこに編集力のE＝Edit（編集）が加わり、計5つの要素だ。

これを数式であらわせば、新聞力y＝f（A、B、C、D、E）となる。その総量の最大化こそが新聞の質を高めることにつながる。A、B、C、D、Eについて順次、説明したい。

A＝Action（行動）

Aは取材の基本的な態度の問題である。まず動いて人に会うことからはじまる。要は、取材先から情報を引き出すことである。それには相手の心を開かせなければならない。正攻法で質問を真っ正面からぶっつけて、いいことはともかく、都合の悪い話を相手が答えるわけがない。そこをどう、こじ開けるかの勝負だ。材料を持ち、ある種の読み・見通しのもとに、相手に質問を投げかけていかないと枢要な情報はとれない。何かありませんかの「御用聞き」取材はご法度である。そのためにもいろんな人に会って話を聞くしかない。デスクに座っていてもはじまらない。「見るまえに跳べ」の世界だ。

人に会って話を聞くのが商売だとして、相手に嫌われてしまって人間関係が成り立たなくなったらおわりだ。好かれるというのは、相性もあり、簡単なことではないが、少なくとも相手の警戒心を解き、心のすきに入りこまないと話は聞けない。どこの世界でも一緒だが、「上から目線」で偉そうにすれば相手の反感を買う。へりくだりおもねる必要はないが、嫌われない取材でないと、あとがつづかない。

こわもてで、おそれさせながら話を聞き出す方法もないわけではない。ただそれには取材する側が何かを持っていなければならない。一目二目置かれるためにも、幅広い取材と知識、さらに構想力と問題意識が必要なのはいうまでもない。

B＝Belief（信用）

Bは取材先との関係である。取材先から信用されるための方法論だ。人間関係をつくるうえで、とりわけ政治取材では足しげく通うことが肝心である。一生懸命さが何より大事だ。何も取材だけではない。人間社会はどこも同じだ。熱意と誠意、そしてまめさ。政治取材では、そのあかしが夜討ち朝駆けである。こうした取材方法について批判はある。ただ政治家から信用され食い込んでいき情報が取れるようになるには汗をかくしかないのもまた事実だ。

派閥の時代の自民党実力者への取材では、しばしば「門の前から玄関、玄関から応接間、居間、そして寝室」といわれたものだ。

派閥の領袖などの担当になると、朝はまず門の前で「おはようございます」、夜はまた「お帰りなさい」とあいさつすることからはじまる。日参していると相手も記者の存在を認め、玄関まで入れてくれる。そのうち応接間に通して話をしてくれるようになる。さらに信頼を得て親しくなると居間、ついには寝室まで入るのを許されるようになるという政治記者の「段階的接近法」である。

取材の基本はフェイス・トゥ・フェイスだが、最近はケータイ・トゥ・ケータイで携帯番号を聞いての電話取材、メールアドレスを教えてもらってのメール取材がさかんだ。しかし電話にしてもメールにしても、人間的な信頼関係がないと深い情報は入手できないのはあらためて指摘するまでもない。

C＝Check（照合）

Cは情報の点検・確認、裏を取ることである。人はだれでも自分に具合の悪い話はしたがらない。他人に情報を伝えるときも、どうしても偏りが生じがちである。ましてメディアが相手だとなおさらだ。自分に都合のいいようにストーリーが微妙に変わっているのはしばしばある。むしろそれが当たり前だと思わなければならない。ときには、ある思惑をもったいい加減な情報もある。従軍慰安婦の強制連行をめぐる報道が問題となったのは記憶に新しいところだ。

取材するうえでは、人間はウソをつく動物であると認識しておくことだ。立場でものを言っている結果、ウソになる例もある。とくに政治家の場合、その本人から見える世界、もしくは見たい世界で物をいう。だからしゃべっている側にウソをついているという意識すらない。しかし客観的にみればどうみても違っているし、ずれている。自分中心で一方的である。そんな見方ができる人間だから権力闘争をなりわいとする政治家をつづけていられるといえるかもしれない。自己の存在を客観視していたらとても権力闘争などやっていられない。

それにとどまらず、意識してウソをいう場合もある。いわゆる「観測気球」を上げて、世の中の反応をみるものだ。ここは、記者を使おうとする政治家と、それにのせられないようにする記者との勝負の場でもある。政治家のいうことを鵜のみにすると危ない。疑いながらも乗ってしまって痛い目にあった経験は長く政治記者をやった人間なら、おそらくだれにでもある。いうのは簡単だが、情報入手のルートを複線化し、確認の手立てをもつのが望ましい。

政治の世界では、衆院解散については首相はウソをついてもいい、とされていることは付記しておきたい。

D＝Distance（距離）

Dは取材先との間合い、距離の問題だ。実はここがジャーナリズムの要諦である。取材先に食い込み、相手方の信頼を得て、深い情報を得たとする。どうみても間違いない情報である。そこでそれをどう扱うかだ。取材先の側に立つとどうにも記事化しにくいとしても、伝える必要があると判断すれば、距離を置いて書かねばならない。もちろん信義は守る必要がある。しかし記者は「書く動物」である。

よく見かけられるのは、相手にべったりで、ほとんどその代弁者になっているケースだ。取りこまれてしまう記者である。情報を総合せずに一方だけで記事化することは結果として、読者に誤ったメッセージを伝えることになる。たしかに昔の派閥記者にはそういう面があった。派閥の利害が行動基準だった。「職業としての新聞記者」の節で触れたように「護衛犬」だった。

それだけでなく、新聞記者が永田町のフィクサーになった例もある。「歴史としての政治記者」の節でも言及したとおりだが、政治家の間をうごめいているだけで書かないタイプの記者は「大記者」といわれ、まわりからは複雑な視線を投げかけられる。

取材の方法として取材する側・される側でしばしば用いられるオフレコは真相を聞き出すための手段である。未来永劫、オフレコはあり得ない。いつかどこかで、何らかのかたちで書くのが新聞記者である。聞いた話をしゃべっているばかりで書かない、書けない記者は「新聞話者」といって嘲笑の対象になる。

E＝Edit（編集）

取材し、確認し、取材先との距離をとって原稿を書いたとして、それを新聞紙面にどういうかたちで掲載していくかの編集の問題がEである。新聞社はニュースと同様に、この編集の仕方で競っている。ニュースの価値判断である。ここが新聞のポイントでもある。

それは紙面の扱いになる。1面から、2面以下の中面のどこに記事を掲載し、どんな大きさにするかである。大きさは見出しの本数と段数にあらわれる。1面のトップ記事でも見出しは3本、最大で4本までだ。段数は、新聞の1頁は15段から成っており4段・3段・2段・1段＝べた記事とわかれる。また記事にしないボツという判断もある。

分かりやすい例を挙げれば、地方紙は当然、地元関連のニュースを大きく扱う。全国紙では掲載されないニュースもこまめに取り上げる。全国紙でも日本経済新聞は経済ニュースを大きく扱い、解説など含め関連記事を多く掲載する。当たり前である。それが読者のニーズだからだ。

政治テーマも事情は似ている。たとえば、改憲の立場の新聞と、護憲の立場の新聞では憲法に関する記事の取りあげ方が異なる。改憲派は主張に沿う方向の記事を大きく取り上げ、逆に護憲派が記事化する際はそれを問題視したものとなる。

ここは新聞の売りの部分だが、見方をかえればここに危うさがあることも頭に入れておいた方がいい。人は自分の欲する情報ばかりを求め、嫌なものは見ようとしない習性がある。それが自ら情報を求めていくネットの言論空間の問題点であると指摘されているが、新聞も決してそれと無縁ではないという点だ。つまり読者が好む情報をもっぱら提供しているうちに、おなじ罠にはまってしまうおそれである。

2 記者に求められる5つの目

A＝Action（行動）、B＝Belief（信用）、C＝Check（照合）、D＝Distance（距離）、E＝Edit（編集）の5つの要素は、別の側面からみると「5つの目」になる。

虫の目

Aの取材に必要なのは「虫の目」である。取材を通じて事実を丹念に追い、事実の積み重ねのうえで、細かいところまで明らかにしていく。細部まで追求していくミクロの視点だ。地道に、こつこつと「足で稼げ」といわれるように、ひたむきにやるしかない。途中経過はともかくとして、まじめな虫の目記者が最後の勝者になるケースが多い。

外の目

Bは「外の目」である。取材相手が記者をどうみるか、信頼・信用されるのかどうか。情報を提供したり確認したりするか否かを判断するのは取材先である。とくに秘書やドライバーなど弱い立場の人に居丈高に接したり、広報の担当者などに高圧的な態度でのぞんだりと、はき違えている記者がいないとはいえない。それを避けるためには自らの振るまいをつき離す外の目を内在させておく必要がある。

魚の目

Cは「魚《うお》の目」である。180度の魚眼レンズだ。広角レンズで前後左右を見渡して、点検し、確認し、何が起こっているのかを的確にとらえる。周りと比較しながら、物事をつかまえていくワイドの視点だ。要注意は固定観念による思い込みである。報道ミスの多くはそのせいだ。ミスをふせぎ、取り違いを避けるためにも、魚の目を内蔵しておかなければならない。

鳥の目

Dは「鳥の目」である。上空から見ることで、全体の中での位置づけをしっかり把握する。どこが、どうつながり、どんな影響を及ぼしているのかを大きく見すえるマクロの視点だ。全体状況が分かり、自らの取材の意味合いがつかめてくれば、おのずと取材先との距離感を保てるようになるものだ。

人の目

Eは「人の目」である。虫の目で探り、外の目で信頼を得て、魚の目で点検分析して、鳥の目で距離をたもって全体をつかむ。それらを総合し、どう報道するかを判断するのが「人の目」だ。この第五の目の編集作業が加わって初めて、ジャーナリズムが成り立つ。何をどのような扱いで報じ、もしくは何を報じないのかということだ。全体での位置づけと意味合いが与えられて、情報は生きたものとなる。

とりわけ大事なのは、しっかりした視点で解説できるかどうかだ。魚の目・鳥の目の鋭さである。求められるのは、たしかな時代認識に裏打ちされた深い歴史感覚、グローバル時代に対応した国際的な視野、そして権力にこびない批判精神だ。忘れてはならないのが、虫の目から生まれるスクープである。ほかよりちょっと早く報じるというのではなく、虫の目取材がなければ、明るみに出なかったような発掘型の報道の価値は大きい。ネットの世界を中心に、情報が入り乱れている。何が正しく、意味あるものなのか。問われるのは情報の質である。時代の転換点にそれを判断できるのは人の目であり、その確かさと厚みが新聞の生命線だ。

3 政治取材の現場

政治記者になるとまず総理番（＝首相番）になるのが普通だ。内閣総理大臣の担当である。放送では総理大臣と呼ぶが、新聞では首相と表記する。閣僚も同様で、放送では○○大臣と呼ぶが、新聞表記は○○相である。首相官邸の3階の玄関入口で、終日、首相の来客の出入りをチェックする。1社数人でローテーションを組んで担当する。私邸や公邸（首相が寝泊まりする住居スペース）は共同通信と時事通信の記者が代表取材をしている。その取材結果は各紙の政治面の「首相動静」欄に掲載される。

首相番記者はそれ以外にも内閣府などを担当、それがおわると政党担当か各省担当になる。政党は自民党、公明党の与党のほか、民進党、日本維新の会、共産党をはじめとする野党をそれぞれカバーする。各省は外務、防衛、総務、法務などを政治部が、財務、経済産業などの経済官庁を経済部がそれぞれ担当する。

自民党では幹事長・総務会長・政調会長の三役をカバーし、派閥を割り振って担当する。派閥の番記者については「歴史としての政治記者」の節の「記者クラブと番記者」の項で触れたように、2001年4月から06年9月まで5年5カ月にわたって政権を担当した小泉純一郎首相によって派閥破壊が進み、2012年12月に第2次内閣がスタートした安倍晋三首相によって脱派閥が定着したことで、実質的な意味を持たないかたちばかりのものになっている。

では、なぜ番記者をつけるのか。首相番・官房長官番、自民党三役番……そこに情報が集まるからである。国の政策決定・意思決定の最前線で交錯する情報をいち早くキャッチし、その方向性をつかみ、報道していく。逆のいい方をすれば、情報のないところは取材対象にならない。政治は情報産業である。

当たり前だがメディアもまた情報産業なのである。情報を入手し加工し、ビジネスをしている。もちろん単なる営利目的ではなく、権力を監視しデモクラシーを成り立たせるという社会的要請にもとづくものである。

情報の入手の方法は、記者会見・記者懇談・個別取材の3つに分かれる。テレビカメラが入った会見室での記者会見、その変形だが、記者団が囲んで立ち話で取材するぶら下がりインタビュー。これはオープンで、そのまま名前を出して記事化できる。

発言者の名前を直接出さない約束で、背景や本音を聞き出すのが記者懇談だ。さらに、内容を記事に反映するのを認めたうえでのオンレコ懇談と、一切認めないオフレコ懇談に分かれる。番記者によるもの、数人で政治家を囲むもの、お茶だけのもの、酒食をともにするものなどかたちはさまざまだ。

個別取材は、直接会って差し向かいで聞く「サシ」、電話、最近はメールなど、これもまたいろんなやり方がある。ケータイ・スマホがすっかり定着し、一般社会と同じようにケータイによる取材が一般化している。政治家と記者が携帯番号を交換する。昔の「門の前、玄関、応接間、居間、寝室」の段階的接近法は今ではまず政治家の携帯番号を教えてもらうことからはじまる。記者の側の番号も登録してもらい、電話したときに登録名をみて電話に出てくれるかどうかが焦点だ。そのうえでどこまで取材に応じてくれるか、そこはまた記者としての信用・好感の問題に帰着する。

こうした日本的な取材のやり方が批判を浴びてきたのは事実だ。半世紀にわたって日本の政治をウォッチしてきた米コロンビア大のジェラルド・カーティス名誉教授の指摘も手厳しい（『政治と秋刀魚　日本と暮らして45年』日経BP社・２００８年）。

「ジャーナリストと権力を有する人とのあいだには、ある程度の距離と緊張感が必要で、政治家が困るような情報を記者が書くことを躊躇《ちゅうちょ》するのであれば、それは言論の自由を阻害することになる」（２３９頁）

「記者クラブ制度と夜回り、番記者のグループ行動など、日本の政治報道の構造と無関係ではない。こういった制度は時代後れであり、21世紀の日本に存在するのは異常と言わざるを得ない」（２４１頁）

「問題であると思うのは、政策の中身に関する政治報道がほとんど皆無であることだ。政治記者というより、政局記者とネーミングしたほうが正確かもしれない」（同）

カーティスの著書の刊行からかなりの時間がたち、その間、政権交代で09年から3年3カ月の民主党政権、12年には自民党の政権復帰も経験して、はたしてどこまで変わったのか。相変わらずノーと答えるしかないだろう。政治のプレーヤーとしての自らの存在を自覚し、取材先にどっぷりつかった政界記者にならないようにしなければならないのは言うまでもない。

［参考文献］
マックス・ヴェーバー『職業としての政治』（脇圭平訳／岩波文庫・１９８０年／原著１９１９年）
杉村楚人冠『最近新聞紙学』（中央大学出版部・１９７０年／初版１９１５年／初版は国立国会図書館デジ

タルコレクションで閲読可）
産経新聞社『新聞記者　司馬遼太郎』（文春文庫・2013年／初版2000年）
若宮啓文『新聞記者　現代史を記録する』（ちくまプリマー新書・2013年）
丸山眞男『新装版　現代政治の思想と行動』（未来社・2006年／初版1956〜57年）
内山融「マスメディア、あるいは第四の権力？」（佐々木毅編著『政治改革1800日の真実』講談社・1999年）
朝倉敏夫『論説入門』（中公新書ラクレ・2010年）
『ショーペンハウアー全集』13（秋山英夫訳／白水社・1973年）
佐々木隆『シリーズ日本の近代　メディアと権力』（中公文庫・2013年／初版1999年）
山本武利『新聞記者の誕生』（新曜社・1990年）
杉本健『海軍の昭和史　提督と新聞記者』（文春文庫・1985年／初版1982年）
伊藤昌哉『池田勇人とその時代』（朝日文庫・1985年／初版『池田勇人　その生と死』1966年）
土師二三生『田中六助・全人像』（行政問題研究所・1982年）
島桂次『シマゲジ風雲録　放送と権力・40年』（文藝春秋・1995年）
『表舞台裏舞台　福本邦雄回顧録』（講談社・2007年）
『渡邉恒雄回顧録』（中公文庫・2007年／初版2000年）
渡邉恒雄『わが人生記』（中公新書ラクレ・2005年）
同『反ポピュリズム論』（新潮新書・2012年）
ジェラルド・カーティス『政治と秋刀魚　日本と暮らして45年』（日経BP社・2008年）

第4章　ニュースの現場

1　モデルと現実

記者が取材し編集してニュースを発信していく中で、世論が形成され世の中が動いていくとすれば、メディアの存在を抜きにして政治は語れない。ではどの程度の影響力があるのか、メディアの報道によってどんな展開になるのか。学問的にいろいろな理論やモデルがあるが、現実はどうなのか。モデルと現実の間を考えてみたい。

1　議題設定と誘発効果

新聞などの世論調査で「あなたが内閣に優先的に処理してほしいと思う政策課題は何ですか」といった設問があり、いちばん回答が多かったのは景気対策、次いで年金などの社会保障、地方の活性化の順などといった記事を目にしたことがあるだろう。ここから、今、世の中では何が問題だと有権者に受けとめられているかが見えてくる。それを踏まえ、政治は問題解決のために手をうっていかなければならない――。

こうした政治が取り組むべき優先課題のリストのことを学問の世界では議題（アジェンダ）という。それを設定する機能がメディアにあるというのが議題設定効果とよばれるものだ。「メディアが、その編集の作業を通して、特定の争点やトピックへと人びとの注目を焦点化させる機能のことである」（竹下俊郎『増補版メディアの議題設定機能』学文社・２００８年・38頁）とされる。

メディアの議題設定によって人びとの注目が集まった問題があるとする。そうすると当たり前だが、人びとはその問題への対応ぶりで政治の良し悪しを判断、有権者の政権や政治指導者への評価が定まっていくことになる。これを「誘発（プライミング）効果」という。

２０１２年12月に発足した第２次安倍晋三内閣の金看板になった「アベノミクス」もその具体例といえる。民主党政権下では円高・法人税の実効税率の高さ・自由貿易協定の遅れ・電力料金の高さ・労働規制の厳しさ・環境規制の厳しさの企業の「六重苦」がいわれ日本経済の再生が政治課題になっていた。政権に復帰した自民党の安倍首相は金融緩和・財政出動・成長戦略の３本の矢によるアベノミクスを掲げ、経済を政治の中心テーマにすえた。それをあらわす言葉がアベノミクスだった。

経済を政権の議題に設定し、その取り組みぶりをアピールして政権への支持を誘発していったわけだが、アベノミクスという言葉をメディアが頻繁に使うことでその流れを加速させたとみていいだろう。

新聞や雑誌の記事が検索できる日経テレコンを使って、アベノミクスという言葉が出てくる記事の件数を調べてみた。日経だけでなく全国紙、地方紙の記事データが網羅されているので、言葉の広がりぐあいが見てとれる。

内閣発足直後の2013年1月は全国紙5紙で320、地方紙45紙で485だったのが、1月に比べて2月にはいずれも2倍超に急増し、4月になるとさらに3倍前後とどんどん増えていく。そして参院選があった7月には、全国紙5紙で2672、地方紙は4078でいずれも8倍超と一気に増えている。選挙にからめて、全国のいたるところでアベノミクスの言葉が踊っていたことがわかる。

13年参院選での自民党大勝は、首相の側からすればアベノミクスという言葉に乗りながら巧みに社会の雰囲気を変えていった結果ということになる。アベノミクス報道には1990年代前半の政治改革報道や、2000年代前半の小泉改革報道と似たところがある（日本経済新聞2013年10月14日付朝刊・新聞週間特集）。

その後もアベノミクスという言葉の登場頻度と内閣支持率の推移が同じような傾向にあることが分かる。全国紙5紙でアベノミクスという言葉が出てくる記事件数と安倍内閣の支持率（日本経済新聞とテレビ東京の調査）をひろってみると、たとえば14年3月（記事件数440件、内閣支持率59％）、4月（↘415件、↘56％）、5月（↘360件、↘53％）、6月（↘349件、↘48％）、7月（↘346件、→48％）、8月（↘227件、↗49％）、9月（↗320件、↗53％）、10月（↗327件、↘48％）となっている。

11月に衆院解散、12月に総選挙で、政治が落ち着く翌15年2月からはまた同様で、2月（305件、

50%）、3月（↘283件、↗51%）、4月（↗379件、↗52%）、5月（↘170件、→52%）、6月（↘158件、↘47%）、7月（↘141件、↘38%）となっている（日本経済新聞2015年8月31日付朝刊「核心」）。

アベノミクスという言葉がプラスの政治経済言語として流布し、現実を動かしてきたといってもいいようだ。

2 切り口（フレーム）はいかに？

報道のポイントはどんな切り口（フレーム）で報じるかという点だ。メディアが争点や問題をどんな角度で取り上げ、どう意味づけするかで受け手の解釈や評価を左右するというのが枠づけ（フレーミング）効果とよばれるものである。

たとえば2005年の郵政選挙を思いおこしてみよう。テレビでは郵政民営化の是非といった政策論としての取りあげ方は皆無だった。郵政民営化への造反組に対する「刺客」とよばれた対抗馬の擁立など興味本位の政治ドラマとしての報道ばかりだった。

当時、民主党代表で大敗を喫した岡田克也は「メディアの政治報道がどうあるべきか、大きな課題として残ったと思う」（『政権交代　この国を変える』講談社・2008年・202頁）と批判したが、ニュースの切り口で有権者に与える印象が大きく異なり、選挙結果に影響を及ぼしたのは間違いない。

別の例としては、谷口将紀によれば、NHKニュースとテレビ朝日系列の番組「ニュースステーション」の選挙報道の内容分析から「否定的報道の多い番組を視聴することによって、人々の政治的シニシズムが増加している」(谷口将紀「マスメディア」福田有広・谷口将紀編『デモクラシーの政治学』東京大学出版会・2002年・282頁)という。政治家の言動に対し否定的なトーンが基調になっている「ニュースステーション」への接触は政治的なシニシズム(冷笑主義)を高める効果があることが明らかになった。

ニュースの切り口があまりに批判的で否定的すぎると民主主義そのものを危うくすることをメディアは自覚しておかなければならないのだろう。

もうひとつ別の視点から考えておいた方がいい問題がある。それは情報提供者の側が切り口を示してきて情報を操作しようとする例だ。いちばんはっきりあらわれるのが外交政策だ。情報の確認の手立てが容易にはみつからないからでもある。「滝流れモデル」とよばれるのがそれだ。世界のできごとを解釈する枠組みが①政府(ホワイトハウス・国務省・国防総省)→②政策エリート(国会議員・スタッフ・専門家)→③メディア(報道機関・ジャーナリスト)→④ニュースフレーム(言語・写真映像)→⑤国民(世論調査)へと上から下に滝が流れていくように伝わっていくというものだ(伊藤高史「ロバート・M・エントマンのフレーム分析と『滝流れモデル』についての検討」『慶應義塾大学メディア・コミュニケーション研究所紀要』No.59・2009年3月)。

このモデルは外交政策だけでなく、一般に記者クラブ制度の弊害にも絡んでくるものでもある。情報を提供する各省がもくろむ記者クラブを通じた情報コントロールと同じ図式だからだ。それをいかにはねかえしていくかが常に問われている。それが可能になるかどうかは第3章第3節「生き物としての新聞記者」の1「新聞力とは何か」と2「記者に求められる5つの目」で詳述した新聞力次第である。

ではニュースの切り口を決めているのはだれなのだろうか。報道の現場を知り、ニュースの制作過程をおさえておく必要がある。

出先の取材記者の情報は取材現場の元締めで司令塔のキャップに集められる。それを記事化するかどうか、どんな記事にするかはキャップが、会社にいて編集作業にあたるデスクと相談して扱いを決めていく。そのとき情報の確認や補足取材などが必要と判断すれば、デスクからキャップを通じて担当記者や関連部門の記者に指示がいく。同時にデスクは所属部長に情報をあげて、記事化の有無を含めて報告、部長から指示があればそれをまたキャップを通じて下へおろす。部長は案件によって重要と判断すれば、局長にあげる。

新聞だけでなくテレビもこれは同様で、ニュース判断の決定はトップダウンでも、下からの積み上げのボトムアップでもなく、デスク・キャップのミドルが軸になったミドルダウン、ミドルアップである。ニュースの切り口を実質的に決めているのはミドルである。会社の編集・報道方針や社論があってそれを踏まえての判断となるのは当然だが、ミドルの力量で報道は決まる。

これはニュースの編集・報道部門での話である。特集などチームであたる取材はまた別だ。テレビのワイドショーのような娯楽・制作部門はまったく異なる。

3 トリックスター

日本のメディアについて「トリックスター」という見方を示したのが米国の日本研究者であるスーザン・J・ファーである。竹下俊郎によると「トリックスターとは象徴人類学から生まれた概念であり、神話や民話に登場するいたずら者や道化役を指す。トリックスターは聖と俗、秩序と混沌の境界で活躍する両義的な存在である。あるときは権力者を褒《ほ》めたたえ、またあるときは、あざけり冷やかす。こうした両義性と予測不可能性、言い換えれば、一貫性のなさがメディアの身上だとファーは考える」(蒲島郁夫・竹下俊郎・芹川洋一『メディアと政治〔改訂版〕』有斐閣・2010年・24~25頁)という。

そもそもファーはメディアの役割に関して、政治状況を客観的に観察し中立公平な立場をとる「傍観者」、政府の監視役となり必要に応じて批判する「監視犬」、国家が支配を正当化するためのイデオロギー装置にすぎない「召使」の3類型を指摘する。そのうえで、どれかひとつに固定されたものではなく、そのときどきでいかようにも変化するものとみる。そして日本のメディアの過去や実態を踏まえて提起したのが「トリックスターとしてのメディア」という考え方である。

たしかに記者は取材先の外の存在でありながら、その中に入り込んで情報をキャッチ、外部に伝えることにより、状況をかき回す。また事情が変われば、すぐさま報道姿勢を一変させる。田中角栄元首相がいちばんいい例だが、メディアは首相就任からしばらくは「今太閤」「コンピューター付きブルドーザー」などと、もてはやした。しかしスキャンダルにまみれると、手のひら返しで「金権体質」「闇将軍」

といっせいに批判をはじめる。「角影」「直角」など田中角栄絡みの言い回しは、政治的マイナスをイメージさせる言葉としてメディアで流通した。

民主党政権についても2009年の発足時には期待感にあふれる報道一色だったが、次第に政権担当能力に疑問を示す報道に傾いていき、批判のトーンをあげた。トリックスターとしてのメディアという見方には一理あるが、おしなべて就任時・発足時に「ご祝儀相場」で無批判に報道する姿勢に問題があり、その反動もあって逆に振れるところがあるのは否定できないところだ。

4 メディア多元主義モデル

蒲島郁夫（熊本県知事・東大名誉教授）が唱えるのがメディア多元主義モデルだ。マスメディアは、影響力がきわめて大きく、政治的中立性も高く、社会集団を包括していることから、日本政治に大きな役割を果たしていると判断。そのうえで「世論中心の民主主義社会では、……権力も国民の反応をつねに考慮しなければならなくなっている。マスメディアは、社会のさまざまな問題やニーズをすいあげ、それを国民と政策決定者に気づかせ、反応させることを通して日本の影響力システムに強く入り込んでくる」（同49頁）とみる。

「伝統的な権力集団である自民党＝政権党と官僚組織が政治過程の核を構成し、マスメディアはこれらの権力の核外に位置し、権力から排除される傾向にある新興、弱小社会集団の選好をすくいあげ、新しい多元主義を日本の政治システムに注入している」（54頁）というのがモデルの柱だ。

これは、第3章第1節「職業としての新聞記者」で触れた記者の役割と表裏の関係で、人びとの怒りや社会の矛盾にメディアが光をあてることにより、新しい多元主義をもたらす意味を持ち、幅が広く奥の深い民主主義社会をつくっていくプレーヤーになり得るということでもある。

5 第4列の登場

プレーヤーとしての政治メディアにも変化の波が訪れてきているのはたびたび指摘してきたところだが、類型化の変更も迫られている。星浩・逢坂巌著『テレビ政治 国会報道からTVタックルまで』（朝日選書・2006年・26〜28頁）は3列化する政治メディアとして次のように分類した。

第1列に大手新聞社や共同、時事の両通信社、NHK・民放などの政治部記者がいる。オーソドックスな政治メディアであり、彼らのほとんどが記者クラブ（首相官邸は永田クラブ、自民党は平河クラブ、外務省は霞クラブ、財務省は財政研究会など）に所属して、記者会見や記者懇談に出席。さらに独自取材を加えて報道している。取材対象が広く、総合的、全般的な視点がある。その反面、網羅的、総花的になるきらいがある。

第2列には、記者クラブには依拠しないものの硬派の政治ニュースを伝えているメディアがある。『文藝春秋』などの月刊誌、『週刊文春』『週刊新潮』などの週刊誌、テレビでも討論番組、特殊番組などのスタッフである。彼らは、毎日の政治をこと細かにウォッチしているわけではないが、政治の底流には強い関心を寄せている。

第3列はスポーツ紙、芸能週刊誌、テレビのワイドショーのスタッフなどである。彼らは通常、政治にはあまり関心がないが、国政選挙や政変などの大きな出来事があると、突然、政治に関心を向け、大々的に報道する。

ネットの定着で、この3列化モデルには4列目を加えなければならないだろう。

第4列はブログ、フェイスブック、ツイッターなどネット上で自ら発信し、政治に物申す集団である。過激な言葉が飛び交い、相手をひぼうしたり、発言などが問題だと思えば呼びかけてブログやニュースサイトにアクセスを集中させ、サーバーが動かないように「炎上」させる。主に第3列までの情報で彼らは動くが、ある一定の思想性をもっている集団行動に出る場合がある。またリツイートなど、つながりによってどんどん拡散していくところにも特徴があり、第4列までも視野に入れた政治が必要になっている。

6 ウェーブモデル仮説

世論形成の中でメディアがどんな役割を果たしてきているのか、これまであげてきたモデルで多くのことが説明できるのだろう。ただ現場感覚からすると、メディアの競争という視点が抜け落ちているような気がする。そこに日本のメディアの横並び意識も加わり、メディアの競り合いの中から報道が報道を呼んで次々と広がり、波をまきおこすことで、世論が形成されているからだ。これを「ウェーブモデル」と名付けて、提起したい。

前項にあるように第1列から第3列までのメディアは、各列の内部、各列の間で、日々それぞれニュースを求めて競争している。抜いた抜かれたの世界である。新聞であれば朝夕刊、それも地方に行く早い版から最終の版まであり、少しでも早い版にニュースを入れようと互いに競り合っているのである。解説も切り口の勝負だけでなく、ほかに出ていないエピソードのようなニュースを盛り込もうと取材して記事の価値を高めようとする。

以前は第1列の新聞・テレビからはじまって第2列、第3列がそれを加工しながら報じるケースがほとんどだったが、最近はむしろ第2列の週刊誌がスクープして、これに第1列が追随する例も目立っているのはすでに述べたとおりだ。

たとえばA紙が特ダネを報じたとする。他メディアはどうするか。横並び意識の強い日本のメディアでは後追いをしないと自分のところだけが報じない特オチになっては困ると考え、追いかける。B紙が報じ、C放送が流す。

そのとき、A紙報道と同じであれば記者として完敗だ。そこでB紙の記者はわずかなりとも情報を付加して、A＋αで報道しようとする。それはC放送の記者も同様だ。

D紙やE放送につづき、第2列のF誌も加わってくる。新たな事実βをまじえながら報じようとする。さらに第3列のG番組がγという付加価値をつけて流す。こうしてニュースがどんどん増幅され、増殖していく。これが、波がおこるメカニズムである。波が次から次へとおこり、ときに激しさを増せば渦にもなる。渦にのみこまれれば政権さえ持ちこたえられなくなる。

こうした波がおこる背景には、記者の生存競争がある。他メディアの後追いだけをしていては「できない記者」として記者失格の烙印を押される。それがつづけば、花形の最前線のニュース取材からはずされる。やりたい取材ができなくなり、希望の部署からはずされる。それは記者人生だけでなく、会社人生の将来にもかかわってくる。けっこうし烈な競争が繰りひろげられているのである。

ニュースを出す側には別の思惑がある。できるだけ多くのメディアが報じることで、ある流れをつくりたいと考える情報があったとする。発表するには差しさわりがあったり、早かったりするものである。そのとき彼らはメディアを戦略的に使おうとする。どこかにリークするわけだが、たとえば通信社に流すと新聞・テレビが一斉に知るところになる。

NHKという方法もある。2016年7月13日の午後7時直前に速報を流し、7時のニュースで特報した天皇陛下の生前退位報道もその文脈でとらえることが可能だ。夜の民放のニュース番組は大きく取り上げ、翌朝の新聞各紙はすべて1面トップで報じた。

世論形成はひとつのメディアだけではできない。第1列から第3列までを総動員し、第4列のネットで拡散して流れができてくる。多数のメディアがプレーヤーになってはじめて世論ができあがっていくことを考えると、面的な広がりを持ったモデルの構築が必要なのではないだろうか。

2——選挙を変える

政治報道で最大のものは選挙である。

ジャン＝ジャック・ルソーがいうように「自由なのは、議会の議員を選挙するあいだだけであり、議員の選挙が終われば人民はもはや奴隷であり、無にひとしいものになる」（『社会契約論／ジュネーヴ草稿』中山元訳／光文社古典新訳文庫・２００８年・１９２頁）としても、きちんと民意を問う方法は選挙しかない。それも「民主主義とは頭をかち割るかわりに頭数を数えること」なら数が勝負で、多数によって決まる。

選挙の結果によって議会の構成が変化、与党が敗北すれば首相が交代し、与野党の勢力が逆転すれば政権交代もおこる。衆院選・参院選の国政選挙だけでなく、地方選挙でも政界の地図が塗り替わり、その後の政治ががらりと変わってくる。

選挙の事前の情勢調査で、報道各社は予測の正しさをめぐってしのぎを削ってきた。それが報道されることで選挙結果に影響を及ぼしてきたのは事実だ。報道で選挙の展開が変わり、選挙結果を変えてきた。メディアが政治のプレーヤーになっている事例がここにもある。

1　選挙調査報道

衆院議員の任期は4年で、任期満了選挙だった１９７６年を除いて、ときの首相は衆院を解散して総選挙で国民の信を問うてきた。参院議員は任期６年で、３年に一度、半数改選の参院通常選挙が行われてきた。80年と86年には衆参同日選挙にもなった。

全国一斉の国政選挙をめぐり、報道各社は全国の取材網を動員して、政党本部・支部、候補者の陣営、支援団体などを取材し、選挙情勢をさぐる。当落の可能性について選挙の実務担当者から感触を聞き出し、実際の運動ぶりや有権者の反応もみながら、検討を加えていく。支持基盤がしっかりしていて、競争相手が弱体でとるに足りない泡沫候補などであれば見分けは簡単だが、有権者の半数は無党派といわれる中、世論調査をしないとなかなか判断できない。

最近は公示日からすぐさま調査に入り、序盤戦の情勢を紙面に掲載、さらに衆院選で12日間・参院選で17日間の選挙運動期間の後半で、もういちど中盤ないし後半戦の情勢といったかたちで、予測報道をしている。政党別の獲得議席予想と、選挙区別の各候補者の当落予想が柱だ。各社それぞれに予測モデルを持ち、調査データをもとに、取材記者の定性分析も加味しながら、判定していく。

国政選挙でのデータ分析による議席予測がはじまったのは１９５８年の衆院選からだ。55年に保守合同で自民党が結成され、左右に分かれていた社会党が統一され、はじめての衆院選だった。朝日新聞社が統計的な解析をはじめた。毎日新聞社、読売新聞社は１９６３年の衆院選からデータにもとづく選挙予測報道をスタートさせた。

調査方式は、当初は調査員を派遣しての面接調査だったが、現在は電話調査だ。それも電話帳によるものから、ＲＤＤ法といわれる乱数で電話番号を選んでそこにかけるものになっている。これは固定電話では調査対象が高齢者や女性に偏りがちなため、携帯電話も併用、若者の意識動向についてもチェックをはじめている。ネットモニター調査も実施されているが、まだデータとしての偏りがあり、一般的に使うところまではいっていない。

事前の情勢調査と並んで、当日の出口調査が選挙調査報道のもうひとつの柱だ。とりわけテレビにとって投開票日の選挙特別番組の目玉である。民放は午後8時の投票終了と同時に、一斉に各党の獲得予想議席を報じる。NHKは幅を持たせながらも出口調査の趨勢を示す。その後も各候補者の当選確実の情報は出口調査をもとに順次流していく。

米国ではじまったものを日本では1990年代からテレビ局が本格的に導入、精度を高めていっている。ただ過去には予測がはずれて問題になったこともある。たとえば小泉純一郎内閣のもとの2003年11月9日投開票の衆院選では、民放の特別番組冒頭の「自民激減、民主躍進」の予測が、選挙結果と大きく異なった。

毎日新聞同11月11日付朝刊メディア面によると、自民党と民主党の予想獲得議席（自、民）は▼NHK（214～241、170～205）▼日本テレビ（221、205）▼TBS（230、188）▼フジテレビ（233、180）▼テレビ朝日（220、193）▼テレビ東京（224、193）だった。

ところが実際には自民党237、民主党177だった。民放の出口調査の数字はすべて自民に低く、民主に高く出た。このズレはどこから来たのか。期日前投票が増えはじめており、期日前投票の出口調査の必要性が指摘された。

2 予測が外れた1979年衆院選と98年参院選

議席予測については2005年の郵政選挙、09年の政権交代選挙、12年の自民党政権復帰選挙と振れ幅が大きい選挙で、過少に見積もったケースもあったが、大きく外した例が2回ある。「勝利」と「敗北」、新聞の見出しがひっくり返る、つまり選挙結果がまるで逆だった例だ。

ひとつは1979年10月の衆院選である。大平正芳首相は一般消費税の導入を真っ正面にかかげ、解散総選挙に打って出た。ところが負担増への有権者の余りの反発に自民党の候補者が悲鳴をあげ、首相自身、選挙期間中に一般消費税の旗を降ろさざるを得なくなる。

各紙の事前の議席予測をみてみよう。10月7日の投票日を前に、いずれも3日付の朝刊に掲載している。

自民党の解散時の議席数は249。安定多数は、与党が議長を確保し、すべての常任委員会で与党から委員長を出しても採決で可決に持ち込める議席数。1979年当時は271だった。

▼朝日新聞　自民当選者の推定数　270±10

1面見出し＝自民、「安定多数」に見通し

▼毎日新聞　自民当選者の推定数　269＋5〜−7

1面見出し＝自民、安定多数ほぼ確保

▼読売新聞　自民当選者数予測　274＋5〜−8

1面見出し＝自民「安定多数」強まる

3紙とも解散時議席の249議席を大きく上回り、安定多数271にとどき、これを超える可能性があるという見立てだった。自民党の勝利を予測したのである。ところが、ふたをあけてみると、自民党が獲得したのは248議席。安定多数どころか過半数の256さえ割り込んだ。惨敗だった。予測記事と正反対の結果だった。

この選挙結果をうけて、党内対立が激化、本会議での首相指名選挙に自民党から大平正芳首相と福田赳夫前首相の2人が立ち、党内を真っ二つに割った「40日抗争」に発展。大平首相が本会議決選で勝利し続投したものの、反主流派の反乱によって翌年80年5月に大平内閣不信任決議が可決、首相は衆院解散を断行し衆参同日選に突入した。ハプニング解散といわれた。そして選挙期間中に大平首相が急死するという壮絶な政治ドラマにつながっていった。

ではなぜ自民勝利の予想が惨敗になったのか。当時いわれたのは3つの理由だ。第一は、選挙途中で軌道修正したものの一般消費税への反発の強さで、政府・自民党首脳の予想をはるかに上回るものだった。

第二は、投票日の天候である。全国的に雨で、ところによっては激しい雨が降った。投票率は68％で、70％を上回っていた当時としては低い水準にとどまった。保守回帰が進んでいるとみられていた有権者が雨で投票所に足を運ばなかったという見方だ。

田中角栄元首相は、雨で10議席、一般消費税で10議席減ったと嘆いたという（金丸信「私の履歴書」

日本経済新聞1988年1月23日付朝刊）。

加藤紘一・元自民党幹事長の回顧談もある。

――79年秋、東京・瀬田の大平邸から車に同乗し、用賀から首都高速に入り、首相官邸に向かってい

た。外は雨だった。ぬれそぼつ車窓に目をやりながら大平首相は問わず語りにしゃべりはじめた。

「加藤よ、雨だ、雨だよ。選挙に負けたのは。国民はわかってくれているんだ。各国では税収を福祉に使っているのに、大蔵省のいうように財政赤字の穴埋めに使おうとしたから、国民はダメだと言ったんだよ」――（日本経済新聞2011年11月21日付朝刊「核心」）

第三は、「公費天国」批判だった。日本鉄道建設公団の組織ぐるみのカラ出張を皮切りに、各省庁や公社公団の不正経理が、選挙期間中に次々と明るみに出た。朝日新聞が告発キャンペーンを展開した。他紙やテレビ局も追随した。ここにプレーヤーとしてのメディアが登場してくる。

事前の予測報道がはずれたふたつめは1998年の参院選である。これもまた予想がはずれて自民党が敗北。橋本龍太郎首相の退陣にまで発展したものだ。

各紙の事前の議席予測をみてみよう。7月12日の投票日を前に、いずれも7日付の朝刊に掲載している。自民党の改選数は61。非改選は58で公示前の議席数は119。定数252の過半数である127に届くには8議席上積みし69議席の獲得が必要となる。それは無理だが、改選数の61議席ぐらいは確保できそうだとみられていた。

▼朝日新聞　自民新議席の推計　59±6
1面見出し＝自民、過半数回復は困難か
▼毎日新聞　自民推定当選者　61＋6〜−7
1面見出し＝自民伸びず改選の61程度
▼読売新聞（自民当選者の予測数ははっきりと数字で示していない）
1面見出し＝自民現状ラインの攻防

ところが自民党の当選者数は44で、17議席も減らす惨敗だった。予測調査は投票日の前の週末で、わずか1週間でどうしてこんなに変わったのか。

政治学者で選挙分析が専門の蒲島郁夫が「1998年参院選の結果はいまだ謎に満ちている。……1週間前に発表された新聞の議席予測を含めて、だれもがこれほどの自民大敗を予想していなかったので、期待値と現実のギャップが大きかった分、ショックも大きかった」（『戦後政治の軌跡』岩波書店・2004年・255頁）と指摘しているぐらいだ。

蒲島の選挙分析は、前年97年の山一証券・北海道拓殖銀行の破たんなど橋本内閣の経済失政に対する業績評価投票の結果で、自民党の支持基盤が縮小し無党派層が増大して、現状に批判的な無党派層が投票所に足を運んだためというものだ。ただ「1週間の変化」についてはその分析は今後の課題とするにとどめた。

その答えのひとつのヒントがテレビにあるのではないだろうか。テレビ朝日系列で、当時、日曜午前に放映していた「サンデープロジェクト」が投票行動に影響を及ぼすきっかけをつくったというのが番組の司会者だった田原総一朗だ。

選挙戦に入って景気回復のための恒久減税が争点に浮上、投票日の1週間前に生中継で番組に出演した橋本首相は、恒久減税に関する田原の質問に「私は恒久的な税制改革をするといっているのであって、恒久減税をやるとはいっていない」などとはっきりしない発言をつづけた。「橋本首相は、顔をこわばらせて苦しそうに汗を垂らしていた……カメラは、苦しげな橋本首相の顔を、なおも1分以上撮り続けた」(田原総一朗『テレビと権力』講談社・2006年・280〜281頁)。そのこわばった表情の映像がくりかえし流され、こんどは数日後に恒久減税を実施すると明言したりと発言が迷走、ろうばいする橋本首相のイメージができあがった。ここにもプレーヤーとしてのメディアの存在がある。

3 予測と結果がずれる訳

事前の選挙予測報道が投票行動に影響を及ぼすアナウンスメント効果として、2つが考えられる。ひとつはバンドワゴン効果とよばれるものだ。華やかなバンドをかなでる大きな車にひっきりなしに乗る人が増えるかのようになることで「勝ち馬に乗れ」「長いものにはまかれろ」である。事前予測である候補者が有利と報道されると、有権者がなだれを打って投票、大差で当選する現象だ。1996年の衆院選から導入された小選挙区制のもとでは、この傾向がしばしば見かけられるようになった。

もうひとつはアンダードッグ効果とよばれるものだ。判官びいきである。事前予測で不利とされた側が予想より票をのばす現象だ。中選挙区制のもとで当落線上と報じられた候補者が想定以上の票を獲得、逆に当選確実とされた候補者の票が案外のびなかったような例だ。

前項で触れた議席予測がはずれた選挙とも無関係ではないが、アナウンスメント効果に絡むものとして蒲島郁夫のバッファー・プレーヤー（けん制的投票者）仮説がある。

バッファー・プレーヤーとは「基本的に自民党政権を望むが、政局は与野党の伯仲状態がよいと考え……て投票行動を行う有権者」（『現代政治学叢書6　政治参加』東京大学出版会・1988年・171頁）で、1980～90年代、自民党政権を支持しながらも自民党があまり強くならないようにけん制する有権者が存在したとみる。

とくにメディアの選挙予測報道のアナウンスメント効果として「政治的関心が高ければ高い程、選挙予測報道に触れて、棄権する者は少なくなるが、逆に政党や候補者を変える者は多くなる」（183頁）というように、事前の選挙調査報道が選挙結果を変えてきた。

バッファー・プレーヤー仮説は中選挙区制のもとで発表され今日なお通用するかどうか議論のあるところだが、2014年12月14日投票の衆院選をみると、与野党伯仲はともかくとして、自民党があまり強くなりすぎないようにしたいと考えるけん制的投票者は存在するようだ。

中盤の情勢で推定当選者数を明示した2つの新聞をみると、いずれも自民党が300議席を上回り、公明党を含めて衆院の3分の2（317議席）を超えると予測している。1面の見出しは「与党で3分の2超す勢い」で同じだ。

▼朝日新聞（11日）　自民当選者の推定数　290〜305〜318
▼毎日新聞（8日）　自民当選者の推定数　303〜320

実際の自民党の獲得議席数は291で、ほぼ現状維持だったものの公示前の295を下回った。自民勝利の大きな方向は変わらなかったとしても、各紙の予測より相当下振れした。自民党の予測は明らかに過大だった。

その理由について新聞各紙はきちんとした説明ができていない。谷口将紀の分析では①選挙前の調査で自民党に投票すると答えていた人で棄権したのは23％で、投票予定政党を答えた人全体の17％より多かった②選挙期間後半から投票日当日にかけて投票先を決めた人で自民党と民主党、維新の党の差が縮まった——ことなどが明らかになっている。

維新についてはアンダードッグ効果があったとみる。予測報道で与党圧勝だが、野党のなかではひとり共産党の好調が伝えられていたことから他党から共産党への乗り換え現象があったとみられ、野党内のバンドワゴン効果ということになろうか、と指摘している（「なぜ議席予測は外れたのか　『相場観』と『アナウンスメント効果』の検証」『Journalism』2015・4）。

影響の度合いは別にして、メディアが選挙を動かしていることだけは間違いのない事実だ。

3——メディアが変わる

世論はどうつくられてきたのか。第1節で紹介したいくつかの理論モデルは新聞・雑誌・放送のマスメディアの存在を前提にしてきた。もっと以前に唱えられたコミュニケーションの理論である、メディアの効果がすぐさまあらわれるという「皮下注射針モデル」（魔法の弾丸モデル）にしても、メディアからの情報がまずオピニオン・リーダーに伝わり取捨選択され解釈されて非リーダー層に情報が流れ影響力を及ぼしていくという「2段階の流れ論」にしても、同様だ。印刷・放送メディアが浸透し、大衆社会状況ができあがった中での話だ。ところがフェイスブックやツイッターなどのSNS（ソーシャル・ネットワーキング・サービス、交流サイト）がこうしたコミュニケーションの流れを変え、マスメディアを通さない「中抜き」が定着、プレーヤーとしてのメディアにも変容を迫っている。

1 世論形成のメカニズム

メディア論の古典的著作である『世論』（上・下／掛川トミ子訳／岩波文庫・1987年）を米国のジャーナリストであるウォルター・リップマン（1889〜1974）が書いたのは1922年である。テレビが出てくる前の主に新聞の時代である。彼が用いたことで、印刷の鉛板を意味する言葉が社会科学上で重要な意味をもつようになったのが「ステレオタイプ」である。今や紋切り型の一般名詞としていろんな場面で使われる。

リップマンは「われわれはたいていの場合、見てから定義しないで、定義してから見る。外界の、大きくて、盛んで、騒がしい混沌状態の中から、すでにわれわれの文化がわれわれのために定義してくれているものを拾い上げる。そしてこうして拾い上げたものを、われわれの文化によってステレオタイプ化されたかたちのままで知覚しがちである」（『世論』上111〜112頁）と指摘する。ステレオタイプとは、文化によってあらかじめ定義づけられ、固定観念に基づいてできあがったイメージでものごとをみる態度だ。

なぜ人はステレオタイプに流れるかについて、リップマンは2つの理由をあげる。ひとつは経済性、労力の節約である。「あらゆる物事を類型や一般性としてでなく、新鮮な目で細部まで見ようとすればひじょうに骨が折れる。まして諸事に忙殺されていれば実際問題として論外である」（122頁）。

もうひとつは「社会におけるわれわれの地位を保全する防御」（130頁）というように、社会に帰属していくうえでの自己防衛である。「ステレオタイプの体系は、秩序正しい、ともかく矛盾のない世界像であり、われわれの習慣、趣味、能力、慰め、希望はそれに適応してきた。……この世界にいれば心安んじ、違和感がない。……一度その中にしっかりとはまってしまえば、はき慣れた靴のようにわれわれにぴったりとくるのだ」（130〜131頁）。

ステレオタイプと並んでリップマンが『世論』で提唱したのが「疑似環境」という考え方だ。「人間は直接に得た確かな知識に基づいてではなくて、自分でつくりあげたイメージ、もしくは与えられたイメージに基づいて物事を行なっていると想定しなければならない」（42頁）という。現実環境を認識するとき、環境そのものではなくできあがったイメージである「疑似環境」で判断、言動はこの疑似環境への反応としてあらわれるわけだ。そうしたイメージを与えるのがメディアである。

メディアが提供する情報をもとに、人びとはものごとを判断している。その情報はときに一面的であったり、ときに途中経過の不確実なものであったり、という事態は否定できない。現実はさまざまな要素からなり、いろいろな解釈が可能なケースが多いが、そのすべてを伝えきれるものではない。ニュースをはじめ報道とはある断面を切り取っているものである。「ニュースは社会状況の全面を映す鏡ではなくて、ひとりでに突出してきたある一面についての報告である」（下193頁）とリップマンがいう通りだ。世論形成におけるステレオタイプと疑似環境という問題提起は『世論』が刊行された1922年から100年近くたった今日でも、なお変わるところがない。それをもたらしているのがメディアであるという点も同じだ。

日本での世論形成で忘れてならないのは「空気」というやっかいな代物だ。評論家の山本七平（1921～1991）が『「空気」の研究』（文春文庫・1983年）をあらわしたのがきっかけで、世の中を支配し組織での意思決定を左右する空気＝ムードについて一石が投じられた。

山本は「『空気』とはまことに大きな絶対権をもった妖怪である。……空気が、すべてを制御し統制し、強力な規範となって、各人の口を封じてしまう」（19～20頁）という。さまざまな例をあげているが、戦艦大和の出撃がいちばん分かりやすい。太平洋戦争末期、日本が制空権をまったく失った中での大和の出撃は冷静に判断すれば玉砕以外の何物でもないが、「無謀」とする人の意見は退けられた。細かいデータ、根拠をもとにした論理ではなく、「空気」で議論が決められたのである。「全般の空気よりして、……（大和の）特攻出撃は当然と思う」という当時の海軍関係者の発言を紹介している（15頁）。

そのうえで次のように説明する。

「われわれが通常口にするのは論理的判断の基準だが、本当の決断の基本となっているのは、『空気が許さない』という空気的判断の基準である。……この二つの基準は、そう截然《せつぜん》と分かれていない。……議論における論者の論理の内容よりも、議論における言葉の交換それ自体が一種の『空気』を醸成していき、最終的にはその『空気』が決断の基準となるという形をとっている場合が多い」（22～23頁）

こうした「空気の支配」は今も変わらない。「空気が読めない」の略語であるKYが2007年の流行語大賞の候補にもなったぐらいだ。07年7月の参院選で大敗しても退陣せず、政権の座にとどまった第1次内閣当時の安倍首相が「KY首相」とやゆされた。16年、東京都の小池百合子知事が築地市場の移転先となる豊洲市場で建物の下に盛り土がなかった問題で「それぞれの段階で流れの中、空気の中で決まっていった」と述べ、「空気」という言葉を持ちだして都庁内の無責任体制を批判した。場の雰囲気を支配する「空気」に左右されている現実に変化はない。

プレーヤーとなって「空気」をつくりだす役割を果たしているメディアだが、逆に「空気」にしばられて身動きがとれなくなることがある。世論調査で8割の支持がある内閣や政治課題を真っ向から批判するのは読者・視聴者の反応に配慮して慎重にならざるを得なくなるからだ。

こうした「空気」が世論だとすれば、その形成メカニズムを考える必要がある。ドイツの社会学者エリザベート・ノエル＝ノイマンのいう「沈黙の螺旋」仮説が参考になる（『沈黙の螺旋理論　世論形成過

程の社会心理学（改訂復刻版）』池田謙一・安野智子訳／北大路書房・2013年）。

自分の意見が社会のなかで多数もしくは優勢だと思えば、自信をもって自らの意見をどんどん主張する。逆に、自分の意見が社会で少数もしくは劣勢だと思えば、自らの意見をいうのをさしひかえ、沈黙を守るようになる。こうした過程は螺旋状に進む。前者が優勢化の螺旋過程で、後者が孤立化の螺旋過程だ。こうして多数派が形成されていく。意見の優勢・劣勢を報じるのはメディアである。メディアを通じて「空気」が醸成されていくことになる。第3章第1節「職業としての新聞記者」の3「権力の監視犬か愛犬か」でも述べたとおりだ。

2 マスコミ世論からSNS世論へ

これまでのマスメディアを中心にした世論形成が変質したのをはっきりと見せつけたのが2016年の2つの投票だった。メディアの転換点の年となった。6月の英国の国民投票でのEU（欧州連合）からの離脱決定と、11月の米大統領選挙でのドナルド・トランプの当選がそれを物語るものだ。ともに新聞やテレビといった既成のメディアの論調や見通しがくつがえされ、世論形成機能の喪失を示す結果となったからだ。

それをもたらしたのはいうまでもなくネットの力である。SNSだ。マスメディアを通してではなく、フェイスブックやツイッターで政治家と直接つながることにより、マスメディアが間に入ってものごとをとらえていく人びとの思考パターンに変化があらわれた。

トランプは選挙直後のテレビインタビューで、勝因について「フェイスブックやツイッターで、数の力があることが勝利につながった。ソーシャルメディアが役に立った」と語った。ツイッターのフォロワーは同年2月には約600万人だったのが選挙時の11月には1500万人以上にふくれあがった（朝日新聞2016年11月15日付朝刊・国際面）。

第1章第4節「ネットの影響力」の2「SNSは政治の『武器』」でも触れたように、まずツイッターで物議をかもす発信をし、その説明でテレビに出演、視聴者の関心を引いて注目度を高めていき、さらにSNSで拡散していく手法をとった。「トランプは米国にとっては良くないかもしれないが、わが社にとってはすばらしいことだ」と米テレビ・ネットワークCBSの会長がいみじくも語ったように、最初は泡沫候補とみられていたトランプが予備選から本選挙を勝ち抜いていった理由のひとつがテレビも含めてメディアにあったのは間違いない。

しかも新聞の影響力がほとんどなかったことも明らかになった。全米で部数の多い100紙のうち57紙が社説でヒラリー・クリントンの支持を打ちだし、トランプ支持は2紙だけだったにもかかわらず、トランプ勝利となった。そもそもトランプが批判の対象とした既得権益層に大手の新聞メディアも入っていた。有力な新聞のトランプ批判にはびくともしなかった。大統領選の事前世論調査でも主要メディアは軒並みヒラリー・クリントンの優位を伝え、予測を完全に外してしまった。メディアの失敗・メディアの敗北を強く印象づけた大統領選だった。

もうひとつ忘れてはならないのが米英両国で「ポスト・トゥルース・ポリティクス」とよばれる「事

実を無視した政治」がはびこっている現実だ（石黒千賀子「事実を無視した政治の怖さ」『日経ビジネス』2016年10月31日号）。フェイク（偽）ニュースが流され、オルタナティブ・ファクト（もう一つの事実）がまかり通る。

大統領選挙中にトランプが根拠のない真っ赤なウソの発言をしても支持者の間では批判されることもなくSNSでまたたくまに真実のように広がった。

EU離脱を決めた英国民投票でも離脱派は「英国はEUに毎週3億5000万ポンド（約440億円）を拠出している。離脱すれば財政難の国民保健サービスに充当できる」と訴えた。ところがEUからの補助金を差し引くと実際に英国がEUに支払っている拠出金はその3分の1程度にすぎず、しかもその予算は国民保健サービスに回すことはできず、投票後に離脱派はこの主張をすぐさま撤回。離脱派勝利の一因はこのウソが有権者の心をとらえたからだとされている。

政治の世界でウソをつくことは政治家にとっても政権にとっても致命傷で、信用・信頼こそが政治の要諦だった。ワシントン・ポストのスクープに端を発し、ニクソン米大統領の辞任にまで発展したウォーターゲート事件にしても、要はウソを暴いたものだった。

ところがイラクが大量破壊兵器を隠し持っているという理由ではじめたイラク戦争には事実誤認があったが、責任問題には発展しなかった。2008年のリーマン・ショックで危機をまねいた金融関係者で法的責任を問われるものはなかった。信用・信頼社会の土台が揺らいでいるのである。

それは既得権益層・エリート層への不信につながり、その中に主要メディアも含まれている。こうした背景のもと、とくに新聞だが、チェック機関としての影響力が低下、しかも活字離れで部数が減少、地方紙は相次いで姿を消している。米国では成人の3分の2までがソーシャルメディアからニュースを知るというようにメディア状況の変化がある。

マスメディアで世論が形成され、それに影響をうけるかたちで選挙により民意が示され、民主主義が成立するという古典的なメディア政治に転機がおとずれているのだ。マスメディアが幹線でSNSが支線と思っていたら、米国ではあっという間にマスメディアが支線でSNSが幹線に代わろうとしているようだ。

3 民主主義を支えるために

メディアの役割がなぜ大事か。それは民主主義がきちんと機能するための役割を担っているからだ。「第四の権力」かどうかはともかくとして、まともなメディアがあってはじめて民主主義社会が成立するのは過去の歴史をふりかえっても分かるとおりだ。メディアがナショナリズムやポピュリズムをあおったら決して社会は安定しない。民主主義そのものが危うくなる。

ネットの時代になり、メディア競争が激しさを増す中で、とりわけ新聞はいかにあるべきかが問われている。新聞が他のメディアと一線を画しているのは、事実の確認を怠らず、しっかりした取材をもとに、丁寧な編集作業を通して記事の内容や扱いを決め、読者に情報を提供していることによる。

短い言葉で人の感情に訴えて、あおるのは禁じ手だ。誤った情報、不確かな情報、一方的な情報を流している、と受けとめられたら信頼を失い、読者は離れていく。視座を低く、読者とともに考えることで、社会的な合意形成に一定の役割を果たさなければならない。

テレビもまた同様だ。ワイドショーで政治をおもしろおかしく取りあげているうちに、視聴者＝有権者は政治家を軽蔑するようになって、政治不信を増す結果となる。政治を芸能番組と同じように消費するのは避けた方がいい。

メディアに求められるのは、扇動的で大衆迎合や人気取りのポピュリズムと一線を画し、それを抑える役割だ。ポピュリズムが「否定の政治」だとすれば、新聞やテレビは何でもかんでも否定する報道に走り、ポピュリズムの土壌づくりを助長することのないよう気をつけなければならない。

とかく新聞やテレビがおちいりがちな報道の罠《わな》がある。批判が必要なのはもちろんだが、鼻で笑ったような論評をしてしまうケースがしばしばある。改革案や提案が出てきたとき「逆効果だ」「無意味だ」「危険だ」などと訳知り顔にすぐさま斬り捨てるのがそれだ。もうひとつは「妥協の産物」「玉虫色の決着」といった批判の常とう句にも注意がいる。

福沢諭吉が「本来政府の性は善ならずして……只《ただ》その悪さ加減の如何《いかん》に在る」（『福沢諭吉全集』第14巻・岩波書店・1961年・138頁）というように、政治はつまるところ「悪さ加減」の選択だすれば、完璧な答えなど、どだい無理な話だ。

こうした型にはまった議論をつづけていると政治や既存の秩序への不信を募らせ、やけっぱちな気分をつくっていくことになる。それはやがてブーメランとなって、プレーヤーとしてのメディアに返ってくる（日本経済新聞２０１６年４月４日付朝刊）。

［参考文献］

竹下俊郎『増補版メディアの議題設定機能』（学文社・２００８年／初版１９９８年）
芹川洋一「歴史の秒針としての新聞」（日本経済新聞２０１３年10月14日付朝刊・新聞週間特集）
同「経済が首相を呼んでいる」（日本経済新聞２０１５年８月31日付朝刊「核心」）
岡田克也『政権交代　この国を変える』（講談社・２００８年）
谷口将紀「マスメディア」（福田有広・谷口将紀編『デモクラシーの政治学』東京大学出版会・２００２年）
伊藤高史「ロバート・M・エントマンのフレーム分析と『滝流れモデル』についての検討」（『慶應義塾大学メディア・コミュニケーション研究所紀要』No.59・２００９年３月）
蒲島郁夫・竹下俊郎・芹川洋一『メディアと政治［改訂版］』（有斐閣・２０１０年／初版２００７年）
星浩・逢坂巌『テレビ政治　国会報道からTVタックルまで』（朝日選書・２００６年）
ルソー『社会契約論／ジュネーヴ草稿』（中山元訳／光文社古典新訳文庫・２００８年／原著１７６２年）
蒲島郁夫『戦後政治の軌跡』（岩波書店・２００４年）
田原総一朗『テレビと権力』（講談社・２００６年）
蒲島郁夫『現代政治学叢書６　政治参加』（東京大学出版会・１９８８年）
谷口将紀「なぜ議席予測は外れたのか　『相場観』と『アナウンスメント効果』の検証」（『Journalism』２０１５・４）
W・リップマン『世論』（上・下／掛川トミ子訳／岩波文庫・１９８７年／原著１９２２年）
山本七平『「空気」の研究』（文春文庫・１９８３年／初版１９７７年）

E・ノエル＝ノイマン『沈黙の螺旋理論　世論形成過程の社会心理学（改訂復刻版）』（池田謙一・安野智子訳／北大路書房・２０１３年／原著１９９３年）
石黒千賀子「事実を無視した政治の怖さ」『日経ビジネス』２０１６年10月31日号
『福沢諭吉全集』第14巻（岩波書店・１９６１年）
丸山眞男「政治的判断」『政治の世界　他十篇』（松本礼二編注／岩波文庫・２０１４年）
芹川洋一「ネット社会問われる新聞」（日本経済新聞２０１６年４月４日付朝刊・春の新聞週間特集）

座談会

メディアは政治にどう関わるか

ジャーナリズムとアカデミズムの対話

佐々木　毅
曽根　泰教
谷口　将紀
芹川　洋一

●曽根泰教　慶應義塾大学大学院政策・メディア研究科教授
●谷口将紀　東京大学大学院法学政治学研究科教授

谷口　それでは、始めさせていただきます。同じ東京大学出版会から『政治とマスメディア』という言わば姉妹編を出したご縁もありまして、今回司会を仰せ付かりました。大学で政治とマスメディアの研究をしている立場から、本書の魅力を明らかにしたいと考えております。

それでは、座談会の趣旨について、まず芹川さんからお願いいたします。

芹川　この本はメディアと政治を学ぶ学生さん、マスメディアを志す若い人、現在メディアの世界で仕事をしている人たちに、まず読んでいただきたいと思っています。それだけでなく、政治に関心のある人たちがいろいろなところにいらっしゃると思いますので、そういう方々に、メディアと政治について一緒に考えていただきたいということなんですね。

各論の部分は政治取材の現場にいる人間の書いたもので、先生方から、学問の世界から、ジャーナリストが書いたものをアカデミズムのほうからごらんになって、どういう問題点や疑問点があるのかということを明らかにしていただきながら、オーバーに言いますとジャーナリズムとアカデミズムの橋をかけるということで、政治のメカニズムを明らかにしたいという狙いでお願いしたということです。

プレーヤーとしてのメディア――新聞の場合

谷口　各論の構成に沿って話を進めます。

まずは第1章「政治過程への影響」についてですが、原稿を拝見して印象深かったのが、マスメディアがプレーヤーになっているという視点です。従来、マスメディアの機能としては、権力監視や事実報道が挙げられることが多かったので、目新しく映りました。

芹川　もちろん、権力の監視や事実報道の機能というのはそうだと思うんですけれども、新聞社で政治記者をずっとやってきまして、どうももう一つ別の何かがあるんじゃないかという気がしておりまして、それがプレーヤーということではないかということなんですね。

これは我々メディアに従事している人たちは、あまり自覚していないと思いますけれども、まず取材の段階があり、それをもとにニュースをどういう角度で取り上げるか――切り口といいますが――、そこから始まりまして、次に扱い方ですね。新聞でいいますと、トップ、準トップ、段もの、ベタ。テレビの場合も同じように、どういう順番で報じていくかとか、取り上げるのか取り上げないのかもあります。それによって、読者、視聴者の反応が変わってくるわけで、我々自身、メディアにいる人間自身がプレーヤーになっているんじゃないかという、1つの問題提起ということなんです。

曽根　プレーヤーの話で前提になることは、一般の人が政治を見るときに、生の政治は見ていないんですね。ほとんどがメディアを通して政治を見て、それに反応しているんですね。だから、そこのメディアというのが重要だということ。

次に、メディアと政治との関係というのが権力との関係で議論されてきた。定説もそうなんですが、つまり、対象に相当に肉薄しないと情報がとれないから、ほとんど政治報道の場合プレーヤーとしてゲームをしている。これは観測と測定の問題で、つまり量子力学とニュートン力学の違いみたいなもので、対象に迫れば迫るほど測定ができなくなってしまう、位置と運動量の両方の測定を高い精度で同時にはできなくなってくるという「ハイゼンベルグの定理」に非常に似ていて、客観的観察というものは多分、ない。

そのおもしろさと、もう一つは、政治過程で見るというアプローチでいったら、政治過程の中でまさしくプレーヤーの役割を記者は果たしている。いついかなるときも果たしているのではなくて、時に果たしている。そこは普通の政治過程の分析の中では除かれているけれども、それは入れたほうが多分いいんだろうという主張は、そのとおりだと思いますね。

谷口　プレーヤーという場合、社説だけではなくて、記事の扱い方などにも関連してくるわけですね。

メディア・バイアスには3種類あります。1つはゲートキーピング・バイアス、すなわち記事になりやすいか、なりにくいか。2つめは、記事の大きさに関するカバレッジ・バイアス。そして3つめが、好意的に報じるか、批判的に報じるかというステートメント・バイアスです。このようにいろいろなバイアスがある中で、社説が記事に与える影響については、どういうふうに評価なさっていますでしょうか。

芹川　社論ですね。各社ともストライクゾーンを一応設けているわけです。論説委員会という場がありまして、そこでの議論を通じて自分たちのストライクゾーンを決めていくわけですけれども、それとは別に編集紙面、記事面があるわけです。社説と記事面は近くなきゃいけないんですけれども、時にはこれがばらけることもないわけではないです。

例えば、消費税の引き上げのときなど、ある社では社説と記事面の取りあげ方が違ったりするんですね。基本的にはそれが一緒になるように、会社の中で調整をするわけですね。それは編集と論説で一緒に話をしたりとか調整します。

ある社では毎週、主筆を中心に編集局長・論説委員長らが集まって社論会議を開き、時のテーマを議論して方向づけをしています。論説と編集が統一した紙面をつくっているわけです。社説と編集、経営と編集、ずれが出る例があるのは、編集のデスクの力が強いところ、現場主義的なところでしょうかね。

谷口　インターネットの発達によって、1人1社説みたいな時代になってきましたけれども、そういう影響を新聞社も受けるのでしょうか。

芹川　社によってはツイッターをやったり、ブログを書いたり、記者個人の発信を許しているところもありますし、それを制限しているところもあります。社の名前を語ってやりますと、何かあったときの責任は会社ですから、そこのグリップは会社としてやっているということじゃないですか。

もちろんネットの時代になって、少しそこを自由にやらせるところは出てきていると思います。特に、若い人がスマホを使いまして、SNSで世界につながっているわけですよね。残念ながら新聞とか雑誌とかテレビの影響力が落ちてきている、既存メディアの影響力が落ちてきているのは、何ともやむを得ないところではありますけれども、特にネットの空間では、いわゆるフェイク（偽）ニュースが流れたり、ポスト・トゥルースですね、事実を確認しないものがどんどん流れる。そのうえで極論が、極端な言論が支配しているような言論空間ができているわけですね。

そうなっている中で、既存のメディア、とりわけ新聞は、どういう立ち位置を見出すかということは、なかなか難しいところがあります。結果として、ネットに引きずられると言っちゃいけないのかもしれませんけれども、ネットの影響を受けて、以前に比べて立ち位置をはっきりさせるポジショントーク的なところも出てきているということは、間違いなくあると思います。

それと、もう一つ言えることは、ネット社会というのはマスコミの報道自体が批判される。つまり、個人がそれぞれメディアになっているわけですから、マスコミの報道が批判対象になっているわけです。先ほどの話でいいますと、社説と編集紙面がばらばらですと、そこで批判をされるとか、いろいろな反応が出てくるわけです。ですから基本的には客観報道があって、それに対する解説記事とか、そこは仕分けをしてやっていかないと、それを一緒くたにしますと、より批判が出てくるということがあるんじゃないかという気はしております。

総合誌の存在意義はどこにあるのか

谷口　今雑誌という言葉も出てまいりましたが、総合誌というものが、大きく変わってきています。これまで総合誌に数多く寄稿されてきた立場から、佐々木先生……

佐々木　読んでいないからわからない。（笑）

谷口　今昔も含めてお話しいただければ。

佐々木　一番痛感しているのは、大体総合誌は月刊誌が多いものだから、出来事のスピードについていけないというか、あるいは古くなってしまうという問題やら、いろいろなことがあって、結局振り落とされてきたような感じになっているんだろうなと思っています。そういう意味で、数も限られた中で、今も新聞社が論壇欄みたいなものを誰かに書いてもらっているというのは、大変な苦労があるんじゃないかなと思って見ていますけれども。

先ほどのSNSの話もそうなんだけれども、いろいろなところで、ここを1カ所見ておけば全体がわかるとか、展望がとれるとかという場がなくなってきて、いわゆるマスメディアもそうなんだし、ほかのメディア、ましてや総合雑誌みたいなものも、確かにタイムリーないろいろな話題を取り上げるということはやっていらっしゃるけれども、そこを見ておれば、何か1つの世論の動向みたいなものについてのいい展望が持てるかというと、そういう時代は終わったんじゃないかなという感じが直感的にはしています。この十何年書いたことがないのでわからないんだけれども。（笑）

芹川 そうですか。お名前は出てくるけれども。

佐々木 しかし月刊誌といったものに慣れた世代と読者というのは一定数いるものですから、私はあまりじゃけんに扱わないで、それなりに場を提供してくれるものがあるというのは、大変大事なことなんじゃないかなと思っています。

これは全体の議論にかかわるんだけれども、今の全体感でいうと、落ちついたメディア環境があって、そこでいろいろな議論が行われるというスペースをどの程度確保していくかというのは、結構それ自体が重要になってきているのではないか。芹川さんのさっきのプレーヤーになっているという話も、ある意味で、全体の中でマスメディアの影響力が落ちてきている中でのお話ですよね。だから、そういうスペース自体が大事で、その中に総合雑誌も一翼を担うものとして、いわば去りゆく世代の文化みたいなものかもしれません。

それから、私が今、関わっているものに、『學士會会報』というのがあるのですが、これが結構最近受けていまして、読むのはかなり上の世代が中心なんだけれども、こういうものが大事にされ、そこでそれなりに世論的なものが動き回るというのを、どういうふうに維持していくか。そういう小さいけれども良質なコアの存在の重要性について意識するということ自体が、全体の世論形成の中で私は大変重要ではないかなと思っています。

つらつら考えてみるに、メディアというのは、あまり期待しても成果は出ないのかもしれないけれども、その構造があまりめちゃくちゃになるというのは、政治にとっては非常に深刻な問題をはらんでいるので、その意味では安定したメディア環境が存続しているというのは、政治の重要なファクターだと思っています。

ですから、もうゆっくり読んでいる暇もないし、立ち上がってばたばた動かなければいかんような事態になれば、メディアそのものが意味を失ってくる。役割自体が変わり、誰も読まない、1行で片づくという世界になってくれば、政治そのものがそのときは大いに質的に変わるのじゃないか。だから、メディア形成のストラクチャーというのと、政治のストラクチャーというのは、ある程度即応するようなところがあって、活字メディアもこれ以上ウェートが低くなっていくということは、どこかで政治にとっても大きな意味を持つ変化につながるのではないかなと。

しかし、それにもかかわらず、総合誌が変化する環境を生き延びているということは、社会的な存在意味があるから、それなりに生き延びているということだろうと思うし、立場の違いという問題はともかくとして、活字メディアの全体の中で、その役割というものをあまり軽視しないで、一定の役割を認めていくべきだろうなとは思っています。

ただ、後で出てくるかもしれないけれども、週刊誌というものを逆に言えばどうするのか。活字メディアなんだけれども、これはかなり日本に特有の媒体の1つではないかなとも考えるので、あれがどういう形で成り立っているものなのかということも含めて、またお話しいただければありがたいと思います。

芹川　いえいえ。

脱線しちゃったんだけれども。

佐々木　原稿を頼まれていないので。(笑)

曽根　さっきからの話の続きでいくと、民主主義というのは、何度も指摘してきましたが、基本的には新聞を読んで、サロンでコーヒーを飲みながら政治を語るというのがあらかじめ想定された、ハーバーマス的な近代の民主主義なんだろうと思うんですよね。その延長でいくと、新聞を読んでいる人が、戦後のある時期、余裕があるから論壇誌まで読んだんだと思うんですね。論壇誌まで読んで、それも含めて政治を語ったんだと思うんです。

ところが、今その余裕がなくなった。その余裕がなくなったというところに、違うモデルを提示できるのか。つまり、新聞を読む人が少なくなっちゃった、かなり少数派になったという現実が片方にあり、論壇誌は新聞よりも早く読まれなくなったということだとすると、近代モデルが崩れた。じゃ、その次のモデルはネットですかというところが、今、クエスチョンマークなんだと思うんですけどね。

佐々木　おっしゃるとおりだと思う。

芹川　私の実感としましては、世代の問題があるんじゃないかという気がするんですね。私の周辺を見ていましても『文藝春秋』を読んでいる70代とか60代の人たちという層があるわけですね。40代から上は新聞層でしょうね。その下へ行くと、20代、30代は圧倒的にネットなわけですよね。スマホですね。3層構造みたいになっているような気がするんですよね。

もう一つは、スピード感という話がありましたけれども、まさにそれにリンクしていて、月刊誌と週刊誌と日刊紙、それとツイッターで、トランプじゃないけれども、どんどん来るとかね。スピード感と世代というのがミックスしたような感じで情報が入ってきて、そこで昔でいうと、曽根先生がおっしゃるようにサロンでコーヒーを飲みながら考えていた人が、今は指先を使いながら、考えているのか考えていないのかわからないみたいなところに行っているのかなという気もするんですけどね。

佐々木　それは政治に引き伸ばして言えば、民主政が構造的に変わる様相とどこかでつながっている可能性があるので、ふと思い出すと、例えば今から１００年前に古い社会が崩れて、大衆が出てきて、あのころ、どうだこうだと言っていたわけですよ。どうも怪しいとか、だまされそうな人たちがたくさんいるとか、いろいろな話があったじゃないですか。あのときはそれでいろいろ、どうしよう、こうしようという話があった。

その後、いろいろなことがあったんだけれども、同じことじゃないけれども、世論の構造というのか、情報との接点というのか、社会が大きく変わって、何しろ今起こっていることは、グーテンベルク以来の革命ですからね。となれば、それはおそらく民主主義にとっても、かなり大きな変化が起こってもおかしくないということを示唆しているということはないだろうかというのが、イントロ風に言えばそういう話がある。

何がそこで起こるか。今度のトランプとかがそうなのか。あれで終わるのか。いや、これから始まるんだろうと思うんだけれども。見ていなければいけないはずのものを見ていなかったとか、見落としたとか、外れとか、いろいろな問題が起こってきているという話は、世論の形成構造みたいなものの変化とどこまでつながっているかは、これから実証してもらわなきゃいけないけれども、そういう意味では、メディアの位置というのは非常に重要なポイントになるんじゃないかなと思っています。

佐々木毅氏

逆に言えば、そこも含めたプレーヤーとしてのメディアというのが、全体的にどういう形で成り立つのか、あるいは、それは部分的にしか成り立たない話なのか、あるいは新聞の世界しか成り立たない話なのか。だけど、おそらく選択的接触というような世界は、それなりにミニ戦略性を持ってやっているところはたくさん出てきているわけですよね。その辺のことも含めて、全体の構造の話をどういうふうに落とすかというあたりが、問題提起の中に含まれていると思いますけれども。

週刊誌が政局を動かす

谷口　こうした中、目下気を吐いているのが週刊誌です。週刊誌がプライベートなスキャンダルを取り上げるのは当然として、最近は政治資金問題など、本来であれば新聞の社会面で出てきてもいいようなところ――例えば、小渕優子さんや甘利明さんの問題――でも週刊誌の活躍が目立つように思います。

芹川　確かにおっしゃるように、昔であれば新聞社の社会部ですよね。いわゆる遊軍による調査報道で先行して、1面トップにそういうスキャンダルを報じて、それが国会で問題になり、それが政局につながってきたと思いますけれども、今は週刊誌ですね。

政権交代があって情報コントロールが変わった面があります。自民党長期政権の55年体制下というのは、わりに情報管理ががちっとしていたわけですね。民主党政権になって、また自民党政権に戻った中で、スキャンダルの管理みたいなのが緩くなっているところがあるんじゃないかと思いますね。漏らすときにはどこに漏らすかというと、週刊誌に漏らす。週刊誌を使うということじゃないかという気がしますけれども、残念ながら新聞の取材力が落ちているのは、やはり認めざるを得ないのでしょうね。

ただ、昔も田中角栄元首相の金脈事件などは、あれは新聞記者が知っていたわけじゃなくて『文藝春秋』で記事化したのを新聞が追いかけたという経緯もありますので、やはり取材力の勝負だと思います。

曽根　それもありますけれども、さっきの話の中で出てきていないのは、日本の新聞って、階層で読まれていないんですよね。イギリスのメディアはこうなっているという一覧をお見せしますと、例えばタイムズとフィナンシャル・タイムズの読者はどう違うのかというと、タイムズの場合には、「実際にこの国を動かしている人」が読んでいる。じゃ、フィナンシャル・タイムズは何かというと、「この国を所有している人」が読んでいる。

日本の週刊誌って何かというと、この一番下にあるサンを読んでいる読者に近い。この精神なんですよね。「国を誰が動かそうと、胸が大きいかどうかというのに関心がある人」が読んでいるという、サンのような立場で日本の週刊誌って、あるんだと思うんですよね。やじ馬根性なんですよね。それが政局のきっかけになる。左右の対立どころか、左も右も関係なく、要するに、興味本位から週刊誌が書いたものを、新聞が後追いする。それが政局になるときもある。これは外国の例でも、スキャンダルから政局になることはありますので、日本だけのことではないと思いますが。

だから、1つ言えるのは、日本には知識階層はあるけれども、階級構造で新聞が読まれているということはないということと、階層的読者はイギリスでさえも崩れてきたと思いますが、発行部数の多いサンはいまだに生き残っているというのは、やじ馬根性旺盛だからでしょう。パパラッチも、どこの国にもあるわけです。

という点でいうと、じゃ、やじ馬根性旺盛で、新聞もスキャンダルを追えというのは、多分結論にならないんじゃないでしょうね。そっちはそっちでやってもらって、新聞はもっと深掘りした記事を追うという役割分担に行く。こっちの方向なんじゃないかという気はしますけどね。

芹川　週刊誌の情報が政局を動かしたのは、宇野宗佑首相のときが初めてだと思いますね。あるころから、週刊誌が引っ張る政局みたいなものが出てきたということですが、スキャンダラスな話がそこへ持ち込まれる。新聞では書けない情報というのが結構あるので、そこから入っていって、そしてそれを打ち返してくるというのは、決して悪い話じゃないんじゃないかと。そこに権力のチェック機能があるわけですからね。

曽根　つまり、抑制効果、抑止効果はあるんだろうと思うんですよ。こんなことをすると「文春砲」にやられちゃうとみんな思いながら、政治家は行動しているわけですからね。（笑）

芹川　また週刊誌って、実は新聞と共同作業のところがあるんですね。新聞の広告でみんな知るわけです。あそこから始まるわけですね。私自身、変な書き方をされたことがあるので週刊誌には含むところがありますけれども、権力をチェックするメディアがいろいろあるということは、民主主義にとっては悪いことではないという気はしますけどね。

政治家のテレビとのつき合い方の変化

谷口　テレビについてはいかがでしょう。本文は最近のことを中心に書かれているので、少し昔話をお願いできればと思います。

テレビと権力の緊張関係は昔からあって、例えば１９６８年の成田事件をはじめとする政府とＴＢＳ

のあつれきとか、田中角栄さんが首相になったとき、番記者に対して「俺はマスコミを知り尽くし、全部わかっている。その気になれば首にだってできるし、弾圧だってできる」といったことを豪語したというエピソードも伝わっています。安倍内閣とマスメディアの緊張関係がしばしば取り沙汰されますが、見方によっては当時はもっと激しかったようにも思うんですけれども、長くジャーナリストをやられてきた立場からいかがでしょうか。

芹川　私は79年から政治記者なのですが、学生時代でしたから記憶にあります。田英夫さんや古谷綱正さんがキャスターをつとめていたＴＢＳの夕方のニューススコープといいましたっけ、そこでアメリカの北ベトナム爆撃についての報道をめぐって政府・自民党が反発したとかいうのがありました。権力との緊張関係にあったのはたしかだと思います。

ちょっと違う視点ですが、実体験で知っているのはふた昔前、新聞社には波とり記者という存在がありました。郵政省担当で地方局開設の情報をいちはやくキャッチするためだったのでしょう。田中派担当のＯＢが多かったですね。

田中角栄という人からすると、新聞社を押さえるにはどうするか。新聞って許認可じゃありませんからうまい手がない。新聞・テレビは系列化していますから、テレビを通じて新聞を押さえたいと考えたんじゃないかと思うんです。テレビは１９６８、９年でしたっけ、まず県で2番目の民放局となるＵＨＦ局ができて、そして第3局、第4局ができていく。系列でいえば日本テレビは読売新聞、ＴＢＳは毎日新聞、テレビ朝日は朝日新聞、フジテレビは産経新聞、テレビ東京は日本経済新聞です。地方に新しい局をつくるときは郵政省の許認可です。そこは田中派ですね。郵政族は田中派の牙城でしたから。ただ、それで新聞まで影響が及んできていたかというと、彼らからすると残念ながら、新聞社の編集の現場には来ていなかったと思います。新聞社というのはデスク・キャップがミドルにいて、そこを軸とするミドルアップ・ミドルダウンの組織ですからね。

テレビとの関係で最近の例でいいますと、安倍晋三首相はわりにメディアの選別がはっきりしていて、2015年の安全保障法制の審議のとき、事実関係でいうと出たテレビは日本テレビ系列とフジテレビ系列ですね。

佐々木　今の話に直接間接かかわるんだけれども、選別という話があったので一言述べます。少なくともイメージ的にいうと、昔の総理はものすごくテレビとの接点構築の自由度が低かったんじゃないかと思う。そもそも記者会見の自由度も極めて低かったと思うし。それと、テレビでいえば、「総理と語る」などという番組があって、あれは民放とNHKで交互にやっていたので、あれを使って失敗した人もいたんだけれども、イニシアチブをとれる余地が随分小さかったと思いますよ。

それが随分変わってきているというのを冷静に見ると、メディアと政治との距離感というのが、特にトップリーダー中心に、微妙に動いているというのは何を意味するかということは、結構微妙な問題じゃないかなと。だから、ある局とある局にしか出ないという、そもそもそういう発想そのものが前には出てこなかったんじゃないか。だから順番を回していって、テレビ局に出るというような印象が、僕は古いからかもしれないけれども、強いんだけどね。

その辺も検証する必要があるし、それから、これは昔の話ですが、細川さんのときに、例の政治改革問題ですったもんだしていたころでも、総理が外に向かって一方的に発言するというのは、内閣記者会との関係で、極めて不自由な状態にあったと思いますよ。今はおそらくそういうものはないんじゃないかと思うんだけどね。

だから、中身の問題でいく前に、両者の間のルール感覚の問題がある。そんなことを言うと、昔は官邸も入りやすかったとか、今は入りにくくなったとかという、その辺もあるかもしれないんだけれども、テレビとのつき合い方の許容度が随分違ってきているんじゃないかなという感じがするんだけれども。

芹川　安倍さんは新聞も個別インタビューをやるわけですよね。あの形は安倍さんからですよね、はっきりしたのは。それまではおっしゃるように、内閣記者会。これがいいかどうかは別にして、記者クラブがあって、みんな一緒にとやっていたのを、安倍さんは、産経新聞、次は読売新聞、日経新聞、毎日新聞、朝日新聞とか、個別にインタビューに応じるということをやり始めたんですね。

佐々木　なるほど。

芹川　おっしゃるようにＮＨＫの「総理に聞く」、民放の「総理と語る」と２つありまして、ＮＨＫ、民放、ＮＨＫ、民放と、毎月やっていたんですね。それもなくなっちゃいましたからね。だから、明らかにそこらが変わってきています。

佐々木　何か微妙な変化。微妙なのか、大きな変化なのか、わからないけどね。

谷口　「総理と語る」で失敗した方とは、宮沢喜一さんですね。その後「久米・田原政局」などと言われた政治改革は、テレポリティクスの大きな画期だったと言われていますけれども、最前線で活躍されたお三方から当時の思い出などがあれば。

曽根　テレビの影響が強くなったと感じたのは、1985、6年頃に学生のレポートでいきなり「ニュースステーション」と注に引用が出てきたんですよ。今まで本だとか論文の引用はあるけれども、テレビの番組名がいきなり書いてあったというのはその頃初めて経験した。学生ってこうなのかというのが、1つの印象ですね。

もう一つは、これはたしか成田憲彦さんに聞いた話だと思うんだけれども、官邸に入ったらマニュアルはたった1つしかなかった、マスコミ対応のマニュアルしか残っていなかったというんですよね。多分、歴代内閣には、対応のマニュアルってあるんだと思うんですが、今でも昔ながらのマニュアルが残っていて、それ以外の省庁とか世論対応のマニュアルって、あるんだろうとは思いますけどね。

多分、官邸には非常にマニュアルが少ないんだと思うんです。だから、それぞれの内閣がその場その場で自分の判断でやっていかざるを得ない。ただ、マスコミだけは多分、対応マニュアルというのがあって、それが秘書官の役割だったんだと思いますね。

芹川　内閣記者会との関係ということですね。

佐々木　それと、テレビに出られる政治家というのは、古い時代は限られていたわけですよ。幹事長とか、政調会長とか。それが、1年生議員とか2年生議員がテレビに出だしたというのが、ちょうどあのころですね。だから、私の記憶でも、今も頑張っている何人かの顔が思い浮かぶんだけれども、NHK

の番組に出たら、この次ここに来るのは政調会長になったときだから、しばらく来ないから写真を撮っておこうと、（笑）パチパチお互いカメラを回して、秘書に撮らせていたという。あれは89年か90年ごろの世界ですね。

その後ですよね、テレビに出たい政治家とか、そういう世界は。逆に言うと、諸外国がどうしているのか知りませんけれども、各政党がメディアと政治家との接触問題について、どういうルールを持っているのか、完全に個人に任せきりでやっているのか、あるいは何がよくて何がまずいのか。もう少し議論したほうがいいんじゃないかと思って、ついつい時を過ごしてしまったんだけれども、あの辺から変わりましたね。

芹川　取材する側から言いますと、記者が夜討ち朝駆けをして話を聞いていたわけです。それはオンレコあり、オフレコあり、懇談ですね。政治家のところへ朝な夕な通って話を聞いた。そうやって情報を集めていたら、政治家がいきなりテレビの前でしゃべり出したわけです。

我々からすると、懇談で聞いた話を、何でテレビでしゃべるんだ。やめてくれ、ちょっと待ってくれよと。われらの汗と涙の結晶が、その情報だったんだけれども、それをテレビでしゃべっちゃうわけです。それがまたニュースになるわけですね。それがまさに政治改革のころですね。91年ぐらいから出てくるわけですね。

政治家もまた、それまでだと夜討ち朝駆けの記者にしゃべって、政治の流れをつくるという感じだったんだけれども、直にテレビに出て自分たちが発信するというところに変わった。あのころが転機だったような気がします。

曽根　一時期、政治記者が日曜日の朝、フジテレビ、ＮＨＫ、テレビ朝日と追っかけて、それを記事にしましたよね。

芹川　月曜日の朝刊は、フジテレビの番組でこう言い、ＮＨＫでこう言い、テレビ朝日でこう言いというふうに書くしかなくなっちゃったわけです。ニュースが出るようになっちゃいましたから。

佐々木　そうそう。

芹川　それまでは基本的に、ニュースは出なかったんですよね。ニュースが出始めたわけですね。だから、政治は日曜の朝つくられるみたいになっちゃったわけですよね。

ネット選挙解禁、ビッグデータで何が変わるか

谷口　現在はトランプ新大統領のツイッターでの発言が、連日ニュースになっています。そこでインターネットの話に移りますが、アメリカでは、ブログがダン・ラザー（米ＣＢＳの看板キャスター）を事実上降板に追い込んだラザーゲート事件とか、２００８年大統領選でオバマ前大統領がフェイスブックで何百万人という選挙民を組織して、草の根から選挙の在り方を変えたとか、そして今申し上げたトランプ大統領のツイッターなど、新しい政治コミュニケーションの在り方が続々と見られます。

日本でも、橋下徹前大阪市長のツイッターや安倍総理のフェイスブックなどに、その一端を観察できますが、日本で将来振り返ったときに大きな転機と言えるのは、恐らくネット選挙の解禁ではないでし

ょうか。現在のインターネットと政治について、曽根先生はどのようにご覧になっていますか。

曽根　ネット選挙については、2013年の参議院選挙から解禁されましたね。あのときにグーグルに頼まれて、グーグルとインテージ、ブレインパッドという、要するにビッグデータ解析のグループと一緒に調査をやり、記者発表はしました。しかし、詳細についての一般への公表に非常に難色を示しているのは、グーグル内部で、ものすごく防御がかたいんですね。だから、報告書はできているんだけれども、なかなか出せないんですが、あのときに、ビッグデータというのはこういうものかと思ったのは、一般に我々が世論調査をやるときには自己申告なんです。だから、あなたは何党を支持しますかという質問については、本人が実際の投票で支持しているかどうかわからないけれども、本人が言った答えを一応正しいとする。投票した、投票場へ行ったと書いてあればその通りに扱うことにするわけです。ところがネットだと、登録した人対象なんですが、常時データが集まるわけですね。だから、本人が100%忘れていても、全部記録に残っているわけです。自己申告じゃないんですよ。全データ解析が可能なんですね。これがビッグデータなのかというのが1つ。

曽根泰教氏

それから、データ量は4テラバイトとか、すごい量をとれるわけですよね。解析手法は若干、政治用語の辞書のつくり方などには工夫の余地があるんですが、それでもそういう解析ができるよ

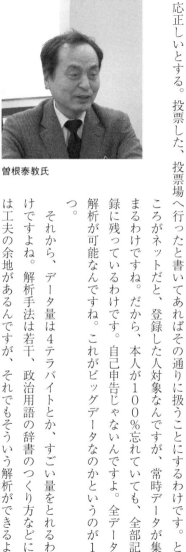

うになった。テレビも本人の申告じゃなくて、つけている番組を全部記録できるんですね。だから、何を見ましたかと聞くのじゃなくて、24時間、チャンネルが動いていれば、それを記録するというやり方なんですね。

だけど、結果はとても平凡でした。つまり、政治に接触するのは、ネットだから若い者だろうと思われていたら、そうじゃなくて、関心のある人が接触するんですね。政党だとか政治家だとかのネット情報に接触するのは、関心のある人。じゃ、関心のある人は誰かというと、年齢が高い人になっちゃう。ただ、おもしろいなと思ったのは、そのときにネットを使って成功しているというか、比較的接触度が高いのは、自民党と共産党だったんです。当時、すでに民主党は野党でしたが、民主党はずっと下でした。そういうデータがとれちゃうわけですね。これを毎回やれば、今までの世論調査分析とは違うものができるなというのはわかるんですが、圧倒的に情報量が多過ぎる。だから、通常の手法では無理ということがわかってそちらも採用することになるか。従来の手法と新規の手法の2種類を使うことになるのか。ネット政治そのものを探る方法も、ネット政治を分析する手法というものも、多分転換していくと思いますね。

ナショナリズムやポピュリズムにどう向き合うか——イギリスのEU離脱問題とトランプ劇場をめぐって

谷口　第2章に話題を移します。ナショナリズムのお話が出てきますけれども、何といっても昨年（2016年）のトピックスとしては、イギリスのEU離脱問題があります。トランプ大統領当選も含めて

「常識的」には起こらないと言われていたことが、結果的に起きてしまった。これらをマスメディアは、止められなかったのか、それとも止めようとはしなかったのかという点から、いかがでしょう。

芹川　これはどうなんですかね。メディアの失敗ですから、両方とも。ＥＵ離脱もないと思っていたし、トランプもないとほとんど思っていたわけですから。逆の言い方をしますと、これも切ない話なんですけれども、既存のメディアというものに対する有権者の見方が非常に冷ややかになっているということなんですかね。

エスタブリッシュメントの中に既存のメディアも入っているということで、いくら反トランプだといっても、結果として逆に振れる。イギリスのＥＵ離脱もそういうところがあるんだという気がしていまして、ネットとテレビと活字とある場合に、とりわけ活字が既存のメディアの側に入っているということがあるのかなという気がしますね。活字メディアの影響力の低下みたいな話につながっているのかなという気がしていますけれども、どうですか。

佐々木　要するに活字メディアは、既成政党と同じグループなんですね。あなたが言われるとおりなんだ。だから、既成政党の衰弱がひどいでしょう？　ここのところ、アメリカの二大政党なんていうのは、一度壊れたような雰囲気でもありますし、ヨーロッパも押しなべてそうですけれども、イギリスの場合は保守党がこんなになっちゃったわけです。そういう意味で、既成のものというものに対する反発グループが潜在的にすごく広がっていたということについて、既成のメディアもそこを見落としたのか、見たくなかったのか、見えなかったのか、そこはよくわからないけれども。

ヨーロッパ大陸を見ても、今までだと二大政党なんて言われていたものが、今は合わせて5割とれるかとかいうような話になってきているから、既成政党の空洞化現象みたいなものが起こっていることと関連があるんじゃないかな。

谷口　エリートと一般の人々を対峙させることによって急速に勢力を伸ばしたのが、ポピュリズムです。ポピュリズムの定義にはいろいろありますけれども、日本でポピュリズムが指摘されるようになったのは、小泉内閣のときからではないでしょうか。小泉さんは自民党の総裁でありながら、「自民党をぶっ壊す」と言って、非常に高い内閣支持を集め、党内の抵抗勢力を次々と倒していった。

当時は、人気絶頂の小泉総理や田中真紀子外務大臣をマスメディアが批判すると、マスメディアは大変な目に遭ったというエピソードも伝えられていますが、いかがでしたか。

芹川　ほんとうにえらい目に遭いましたね。２００１年の小泉・田中ブームのときなど、田中真紀子さんに批判的な記事を掲載すると「けしからん！」と強烈な電話がかかってくるわけですよ。新聞社は読者応答センターという対外窓口がありまして、昼間はそこで電話を受けてくれるんですね。夜、午後8時とか9時ぐらいになり、社の代表番号に電話してくるとオペレーターの人が受けてくれるのですが、もうそこで受けとめ切れなくなって、しようがないから政治部デスクへ回すんですね。そこで受けるしかないから、読者とけんかですよ。「事実を伝えている」「何を言っているんだ」と。何度かありました。思えば8割をこえるような支持のときは、ちょっと異様な雰囲気になるんですよね。怖いなと思います。ある種の熱狂的なものというのは危ないなという気はします。

曽根　ブレグジット（イギリスのEU離脱問題）について、イギリスで一番腹が立ったのは、大きな赤いバスのボディー一杯に、「1週間3億5000万ポンド（日本円で440億）、EUに拠出している。これを取り戻せば国民健康保険サービスをカバーできる」と書いたキャンペーン・バスを走らせたんですよね。それは、UKIP（イギリス独立党）のファラージが走らせているのかと思ったら、保守党のボリス・ジョンソンもそのバスのキャンペーンをしていたわけですよ。

よく考えれば再分配の問題だとすぐわかる。つまり、拠出金だけじゃなくてリベート分（払い戻し分）があるわけですから、その差額って、確かにイギリスは出すほうが多いけれども、その差額しか使えないわけですよね。それが常識でしょう。それを、選挙後になって初めて認めて、間違いだったということになる。リベート分を除くといくらだと、どうしてキャンペーンの間にマスコミが猛攻撃しなかったのか、あるいは学者とか評論家とかかね。

あのバスを全国走らせるというのは、僕はこんなことをやっていいのかと選挙中に思った。言葉であおるというのがポピュリズムだと思いますけれども、あのバスは罪つくりだとほんとうに思いました。

佐々木　だけど、CNNなんていうのはどうするんだろうね。あれはトランプとけんかするんだろう？

芹川　どうするんですかね。

谷口　あそこまで言われたらね。

佐々木　テレビのほうは、まずあのけんかを見てからだな。日本のテレビもどうなるか。

芹川　アメリカのメディアって厳しいですから、彼らがこれに対してどう向き合っていくかというのは、非常に注目しているんですけれども。

佐々木　注目ですよ。絶対まねする政治家が出てくるから、メディアは各国大変だと思うんだ。トランプみたいな、ああいうことをやる人が出てくるからね。

芹川　またあれが受けるわけですよね。ある種、劇場型なわけですよ。メディアと戦うという。

佐々木　そうそう、メディアとばかり戦って。

芹川　これまでの劇場型というのは、メディアを使って劇場型だったんだけれども、今度はメディアとの劇場をやるわけでしょう?

曽根　メディアでトランプに親和的なのは、政治的スタンスからいったらFOXテレビなんですが、FOXも向こうに回したんですよね。だから要するに、トランプはほとんどのテレビ局を敵に回し、新聞社も敵に回し大げんかしているわけですね。トランプの性格からいったら、戦い続けるでしょうね。で、ツイッターを使い続けるでしょうね。

つまり、今まではCNNは民主党系で、ニューヨーク・タイムズは民主党系で、FOXテレビは保守的で、共和党系という色分けだったんだけれども、それがきかなくなっちゃったんですよね。

谷口　小泉総理が郵政解散のときに、会見場を真紅のカーテンに変えましたけれども、トランプも大統領に就任して、最初に執務室のカーテンを金色に変えた。(笑) 真紅から金色に変えたという、まさに。

曽根　トランプカラーですよ。

谷口　劇場型とはこのこと。

曽根　会見室から、社によって記者を閉め出すとかね。まさしく見せ方の問題ですね。

石橋湛山、馬場恒吾、清沢洌のようなジャーナリストは再生産可能か

谷口　もし今日、石橋湛山、馬場恒吾、清沢洌がいたら、何を書いただろうかと想像するのですけれども、こういう評伝を書かれるような言論人は古きよき時代の特殊な事例なのでしょうか、それとも一般化可能、現在でも再生産可能なジャーナリストの在り方なのでしょうか。

芹川　評伝が書かれるとすれば、読売新聞主筆の渡邉恒雄さん以外ないでしょうね。ほかは無理ですね。新聞社って今、組織型ですからね。個人芸じゃなくて。

調べてみたのですけれども、長谷川如是閑が1929年、雑誌の『改造』に書いた「現代の新聞と新聞記者」という小論があって、岩波文庫の如是閑の評論集におさめられているんですけれども、その中で如是閑は「資本主義化した新聞紙は、一般資本主義商品が、中世の商品のように個人的趣味による製品たることを禁物とする如く、記者個人の色彩のあまりに濃厚に現われることは禁物である」としています。その理由として「今日の新聞紙は、昔のそれと違って記者の有名となることを避ける。これは記者が有名になると、その新聞紙がその記者によって死命《しめい》を制せられる虞《おそれ》があると同時に、……商品新聞は、有力な記者の存在のために、その汎《はん》社会的な商品の性質を妨げられることは大打撃である」と述べています。1人のスターライターをつくることによって、新聞がその人によって、ある種乗っ取られるような状態になってしまう懸念を言っています。

これは現代の新聞でも言えるのではないですかね。むしろ戦後は如是閑のいうような傾向がより強まっていますので、馬場恒吾や石橋湛山といった人は出てこないんじゃないかなという気がしますね。

佐々木　スターとは言わないけれども、それなりに名前が挙がる新聞記者は欲しいよ。

芹川　ただ、組織型を進めたがゆえに、スターライターをつくろうという話も出ていると思いますよ。署名入りで読ませる記者を何人持てるかですね。

佐々木　そのリバランスの話は、こうなってくると、全部社でかぶるわけにもいかないし、しかもだんだんとんがったことを言わなきゃいかんようになってくると、そういうスターというのかな、何という呼び名か、もうちょっと別の呼び名がいいと思うけれども、少なくとも数人は必要じゃないですか。

芹川　さっきのネットの話と絡むんですけれども、極論が出て、こっちもある程度とんがらざるを得なくなってきていますから、そうすると、こちらもとんがった論調というか解説を書ける記者をつくろうという話になってくるでしょうね。

佐々木　当然そうだろうね。どうつくるかは難しいと思うけれども。

芹川　読者は何を求めているかという問題がありまして、我々は雑報というんですけれども、一般の記事じゃなくて、よくコクがあるとか、深掘りとかいうんですけれども、そういう記事を求めるわけですね。解説や見通しを盛り込んだようなな。そのときは普通の記者じゃなくて、署名で読ませるということになるわけですよね。

佐々木　なるほど。

曽根　署名つけて出る場合でも、僕はどんなに「とんがって」いても構わないんだと思うんだけれども、信頼できること、つまり、うそっぱちを書いていない、裏をきちんととっていることが重要です。要するに、左なり右なり、かなりとんがって、極論だけれども、だけど信頼できる人のものは、おもしろいんですよ。当たりさわりのないことだけ言っている人というのは、ちっともおもしろくないわけですよね。それから、裏をとっていない人は、危なくて使えないということがある。

芹川　全くそうですね。すっと読める原稿というのがありまして、今日は晴れている、天気がいいという原稿があるわけですよね。すっと読めるけど、何なんだというね。(笑)

佐々木　天気、晴朗だね。でも波高しとか。

芹川　じゃなくて、天気……

佐々木　晴朗で、波も低い。

芹川　という原稿があるわけです。すっと読み終わって、何なんだ、これはというね。逆に、天気晴朗なのに波高しという原稿は、ひっかかるわけですよ。えっと思うわけですね。そういう天気晴朗、波高しみたいな原稿を、多分読者は求める。ただ、会社のストライクゾーンがありますから、記者の論調みたいなもの、主張が入った場合は、この幅にどうおさめるかというところが1つ、問題点としてあるんですね。

佐々木　それと、取り上げるテーマというものについての継続性を持った人が欲しいね。登場するたびに違うテーマでやられたんじゃ、まさにエンターテイナーになっちゃう。だから、この人はこういう問題について、継続的に裏もとって、ちゃんと調べて、かなりしつこくやっているというふうになると、また安定感が出てきて、読むほうも楽しみになるんじゃないかな。

芹川　先生のまさにおっしゃるとおりで、そういう記者を何人抱えられるかというのが、これから多分、大事だと思うんですよ。信頼性があって、ちゃんと裏をとってやって、その見通しが、間違うこともあるかもしれないけれども、ある一定の方向を示すみたいな人たちを、何人持てるかですね。ある意味でブログに近いのでしょうね。読まれているブログがありますよ。

谷口　アルファブロガーですね。

芹川　多分それはネットと同じ発想じゃないかと思うんですよね。だから、そういう一対一のつながりみたいなのを求め始めているのかなという気もするんですよね。読者が、新聞社じゃなくて、記者であったりライターに対して。

新聞社における編集と経営の関係の実態

谷口　第3章は、記者の実相について取り上げられています。ここでは、政治記者を中心とした新聞の記者のあり方が、赤裸々に書かれていて、非常に魅力的な部分です。日本の新聞社の特徴として、よく語られるのが、日本では記者出身者が経営幹部になる点です。アメリカの場合は、ウォール・ストリート・ジャーナルは例外のようですが、基本的には記者の最高ポストは編集局長であって、社長にはならない。編集と経営の分離が徹底していると言われています。日本のジャーナリストのお立場としては、どういうふうにご覧になっていますか。

芹川　おっしゃるように日本の新聞社の場合、経営者は記者出身で、自分は記者だと思って経営に当たっているわけですね。経営者でありジャーナリストだという二枚鑑札のもとにやっているというのがその意識だと思います。そのとき、社によって経営者の編集に対するグリップがきいているところと、あまりきいていないところがあるんだと思いますね。どこがどういうことじゃなくて。

いいところでいうと、ジャーナリストが経営も含めて新聞をつくっているということにおいて、我々はよく言いますけれども、新人も社長も同じ記者だという中で、ジャーナリズムの精神というものを持ってやっていける一体性というのがあると思うんですね。

ただ記者出身の経営者に厳しい経営ができるのかという問題が、もう一方にあると思うんですね。そこは分けたほうがいいという考え方もあるんだと思います。ただ、日本の新聞社は押しなべて、そうじゃない。これはどちらがどうとも、私は何とも言いようがない（笑）ので、むしろ先生方のご意見をお伺いしたい気がしますけれども。

谷口将紀氏

曽根　それを言ったら大学経営も一緒ですから。（笑）経営なさった方もここにいますけれども。

谷口　本文で読売新聞に言及されていますが、読売の方にお会いしたとき、こちらは何も質問していないのに「渡邉主筆に言われるがまま記事や社説を書いているわけではないんです」と自己紹介されたことが、少なくとも3回ありました。確かに、いちいち指示を仰ぐなんてことはないでしょうが、へそ曲りな見方をすると、マードックのようにもっとすごい例があるわけで、社主や主筆が口を出すのは悪いことなのでしょうか。

芹川　私は悪くないと思いますよ。社によって主筆を置いているところと、置いていないところとありますけれども、主筆を置いていないところは社長が主筆なんですね。記者出身者が経営者をやっていますから、社長がイコール主筆になるわけですよね。だから、読売新聞の場合なら毎週、社論会議をやって、そこで議論をして方針を決めているようです。民主的手続きのもとにやっているわけで、主筆が方向を決めるのは当たり前ですよ。当然だと思います。

ただ一般に、社説は論説委員会で議論して、日本型の意思決定システムで、全会一致の合意を見出していくわけですね。それでどうしてもまとまらない場合は、委員長一任となり社長のところに行くわけですね。

谷口　編集権は経営管理者に帰せられるという立場を、日本新聞協会は採っています。これを前提とする限り、記者出身者が経営管理者となり、編集権を行使するというのは、それなりに理屈が通っていると見ることもできます。編集と経営の分離を徹底するなら、本来は編集権問題から見直さなくちゃいけない。

曽根　いや、その問題は新聞よりもテレビのほうが大きくて、だからテレビの解説委員って一体何なのかと思う。僕はピーター・ジェニングスというＡＢＣのアンカーの人と、大喪の礼に彼が日本に来たときに会って、名刺をもらったら、名刺に何て書いてあるか。アンカー・エディターと書いてあるんです。つまり、アンカーマンであると同時に、エディターって、編集権を持っているんですね。だから、番組を進行させながら、途中で差しかえが可能なわけです。アナウンサーじゃないんですよね。だから、日本のキャスターなんかと全然違う。

そのことを、当時ＮＨＫの影山日出夫解説委員に言ったら、「ええっ、アメリカはアンカー・エディターですか。ＮＨＫは違いますから」。「じゃ、何ですか」と言ったら、「私はＮＨＫの職員です」と言うんです。（笑）職員という概念はアメリカにないんですよ。

芹川　ちょっと言葉に詰まりますね。（笑）

番記者の政治家との距離感

谷口　個としてのジャーナリストの役割に関して。番記者には2種類あって、若手が夜討ち朝駆けで取材対象に張り付く狭義の番記者と、もっと取材対象に食い込んだ「インナー」と呼ばれるベテラン記者がいます。後者のイメージは、政治家の自宅の門前で待機するのではなくて、書斎や寝室にまで入っていけるような人、政治家の携帯電話の番号を知っている人、さらには向こうから電話がかかってくる人。アメリカではパンディット（pundit）と言われますが、こういった人の役割について、もうちょっと補足をしていただけますか。

芹川　多分それは昔からずっとあって、今もありますよね。我々の言葉でいうと、食い込んでいる記者。

先生にも今言っていただきましたけれども、番記者になりますと、まず門の前から始まって、玄関、応接間、居間、寝室と段階的に入っていくというイメージなんですけれども、寝室、居間まで行く人たちというのは、昔からいましたし、派閥の時代なんかは、とりわけそういう人たちが派閥の担当記者を仕切っていたんですね。派閥の担当になりましても、そういう人たちにまず挨拶をするみたいなところから始まるわけですね。牢名主みたいな人たちがいたわけですよね。ある種、派閥と一体化していた人たちがいたんですね。

派閥がもう壊れまして、そういう存在がなくなったかといったら、やはりあるんですね。形は違いますけれども、やはり食い込んでいる人、情報がとれる人というのがいまして、例えば今、安倍さんでいいますと、週刊誌などで話題になる記者もいますし、本を書いている人もいます。

谷口　山口（敬之）さんや岩田（明子）さんですか。

芹川　この人たちは情報がとれるわけですね。内閣官房副長官時代の担当記者が目立つのですが、安倍さんはなぜそういう人たちとつき合っているかというと、自分が一番つらいときに、第1次内閣が終わった後に、自民党が下野して「安倍はA級戦犯だ」などと言われていたときも、ちゃんとつき合ってくれたからなんですね。そういう人たちを、すごく大事にするという、安倍さん一流のやり方だと思いますけれども、そういう人間関係をつくってあったりするわけですね。

それはある種、人間関係の中でできてきているところがありますので、ずっとこれからも親しくて情報が取れる記者という存在は出てくると思います。

そこでどういうことが起こってくるかといいますと、その人たちは、政治家と運命共同体的になるわけですよね。情報がとれることによって社内の立場が非常に強いものになります。政治は情報産業ですから、権力に情報が集まり、その政治家が権力を握っている間は自分のところに情報が入ってくる。そうすると社内のポジションも上に行くことになりますから。政治家のほうもその記者を使えるということですから。ずっと続くんだと思うんですよ。

曽根 だけど、人数的にわりと余裕があるＮＨＫはマンツーマンディフェンスができて、記者の数が少ないとゾーンでやるしかない。つまり、派閥単位とかね。ＮＨＫとか読売はわりと人数がいるから、一対一でずっと行けるというところがあるんじゃないですか。

芹川 それは、マンツーマンでいくか、深さでいくかです。

曽根 深さ？

芹川 つまり、長さ。

曽根 長さ？

芹川 マンツーマンをカバーするものは長さ、深さですから、ずっとやっているというね。弱小球団は、ずっと同じ人がやることによって、そこをカバーすると。だから、どっちかです。マンツーマンでぐっと行くか、長くもつかということじゃないですか。長くもっても、その政治家がずっこけたら自分も終わっちゃうというところはあるんですけどね。

谷口 そこで課題になるのが、政治家との距離感です。巷間よく語られるのが、日本の記者綱領は取材対象との関係について甘いという点です。

例えば、ニューヨーク・タイムズの報道倫理マニュアルは、報道対象が定期的に催す朝食会や昼食会には、新聞社が記者分の食事代を払うのでない限り、出席すべきではないとか、報道対象となり得る個人・組織から贈り物、チケット、割引、払い戻しその他の報酬を受け取ってはならないとか、対価の有無を問わず、公職の候補者にアドバイスを与えることがあってはならないとか、日本のスタンダードからすると厳しい規定があります。日本独特の政治取材システムからして、政治家との距離感で心得るべきところはいかがでしょうか。

芹川　ニュースをとるためには相手にぐっと肉薄しなきゃいけないので、食い込むということですよね。だから、ずっと相手に入らなきゃいけない。そして、書くということは、距離をとるということなんですよね。だから、書くときには間合いをどうとるか。これはけっこう難しくて、相手に入ったままじゃ、記者じゃなくなっちゃうわけですよね。情報屋で終わっちゃうわけです。距離感を持ってどうやって書くかというところが、我々の最大のテーマだと思いますけれども。

新聞記者は書く動物だということです。オフレコというのは、そのときは書けないが、どこかで書くんだということですね。直接引用しなくても、何かの形で反映させるとかですね。

もう一つ、距離感のことで申しますと、明らかに昔とは違っています。私は派閥の時代の末期の担当記者ですけれども、べったり感は今なくなっちゃったんですね。派閥全盛期には、派閥の丸抱えで記者懇談がありました。例えば料理屋みたいなところでご飯を食べましても、派閥が一席設けるみたいなのがありましたけれども、今は会費制ですよ。

要は、政治家はお金がなくなっちゃったわけです。政治家が昔、お金があった時代は、彼らのほうで記者との付き合いができたけれども、今はとても面倒を見られないということもありますね。

例え話でいうと、古い政治家と久しぶりに会って、「先生、飯でも食いませんか」と誘うと、「ダメダメ、日程が立て込んでいるから無理よ」と。「いや、先生、こっちで見ますから」と言うと、「明日あいているよ」とね。（笑）そういうぐあいに、今、結構こっちで見ているのがあるんですよ。若い記者でも社としては、できるだけ政治家との会合は取材費として見ようという気運が出てきていますので、ふた昔前の派閥記者のように派閥べったりで、いつも政治家にごちそうになっているというのとは、ちょっと違う。

政治家との懇談などを我々はやったりしますけれども、こっちの負担でやっていることが多いです。

谷口　安倍さんの食事代も記者側が出している。

芹川　こちらから声をかけた会合ですね。人によっては、自分で分担金を出す人もいますし、分担金は出さないけれども地元の名産などお土産を持ってくる人とかもいます。

やや古いイメージがかなりこびりついているところがあると思いますけれども、今はみんなお金がありませんから、変わってきているということはあるということを強調しておきたいと思います。

記者の長時間労働はどうなっているのか

谷口　なるほど。夜討ち朝駆けとの関係で、朝日新聞が中央労働基準監督署から是正勧告を受けたことに象徴される、記者の長時間労働についても伺わせてください。

芹川　これは働き方改革を、各社とも一生懸命やっています。休みをとらせる。それで夜討ち朝駆けはやってもらう。週休2日を完全に消化し、平日でも休ませることによって総労働時間を減らす。夏休みや正月休みもしっかり取ってもらう。

夜討ち朝駆けをしなくていいと言った瞬間に終わっちゃうので、それはやってもらうけれども、その時間はほかの日で減らす。我々のころだと土日はあってなきがごときものでした。土曜日も閉庁じゃありませんでしたしね。残業時間が何時間かなど考えたこともありませんでした。月に百何十時間あったのでしょうかね。昭和のころはそんなもんですよ。

佐々木　一時、残業手当がものすごかったんでしょう？　若い記者の給料が、うっかりすると部長よりも多くなるという話。

芹川　それは時間外が青天井だった会社ですよ。普通は裁量労働制で、時間外は打ち切り支給ですね。だって、私など昼間は記者クラブのソファなどで昼寝していたんですから。夜だって、食事をしてごろごろしながらやっていたわけですから。

抜いた抜かれたという価値観

谷口　第4章に行きたいと思います。デスク・キャップが番記者から上がってきた情報を整理して、ニュースにするかどうかの判断を決めるとありますが、外国の研究では、こうしたデスクやキャップの選択基準は、彼らのイデオロギーなど先有傾向に加えて、同業他社はどうするだろうという考慮が大きいとされています。日本でも同じことが言えるんでしょうか。

芹川　全くその通りですね。とりわけ日本は横並び意識が強いですから、そういう傾向はより強いんだと思いますね。自分自身の経験からしましても、他社がどう書くかとか、きっとA紙ならこう書くに違いないとか、Y紙はきっとこうだろうとか、そしたら我々はこんな感じでいこうとか、そういうことを考えたりしたことはよくありますけれども。

一般の方は1紙ないしは2紙ぐらいしかとっておられませんけれども、我々は例えば5紙、6紙並んでいて、その中で自分のところはどうかという価値基準になっているんですね。それがいいのか悪いのかは別だと思いますけれども、どうしても並びで見ているということ。

また、特落ち、つまり自分のところだけがそのニュースを載せなかったというようなことに対して非常に内部の目が厳しいところがありますよね。もちろん外部の目もありますけれども、特落ちというのが一番嫌ですから、何かの形で、他社がみんな載せるものは載せておこうとか、そういう傾向は非常に強いんじゃないかという気がします。

谷口　インターネット時代では、電子版が紙より先回りすることもあり得ます。特ダネを抜かれても、紙媒体の最終降版から朝までの間にキャッチアップして、電子版でカバーすることも可能です。紙よりもネットで新聞が読まれる時代になりつつある中でも、昔ながらの抜いた抜かれたという価値観は、新聞社の中ではあまり変わらないという感じでしょうか。

芹川　なおあると思いますね。その理由は、そのニュースが持ちこたえられるかどうかということですよね。夕刊・朝刊の間を持ちこたえられると思えば朝刊に持っていく、持ちこたえられなきゃ出すということですから、持ちこたえられるものは最終版まで引っ張っていくという感じじゃないですかね。

逆の言い方をしますと、どこかが報じると思った瞬間に、ぽんと電子媒体に入れちゃうとか、そういうのはやっていますね。降版協定というのがあって、朝刊の場合は東京なら午前1時35分、夕刊なら午後1時20分までに発生したことは入れられることになっていますから、そこまで引っ張っていくということと、新聞の最終版の場合は、午前3時にニュースを流せば、ほかの社は新聞では追っかけられませんから、そこで一応勝利したということになりますね。

曽根　今後新聞が生き残る上で、記事が常時改訂されているというのはすごく大事なことで、つまり、これは個人ではできない話で、新聞社なら社で、地方版、それから都内最終版（第14版）まで、絶えずアップデートして、最新情報を入れて記事を書いているわけですね。

そういう意味でいうと、締め切りというのがあるということは、つまり毎日改訂しているわけですよね。これは、スピードの話でいって、仕事の単位が学者なんかと全く違う世界です。半日単位、1日単位で新しい情報に改訂していることをやっている限り、単純にそれをネットに載せても生き残るだけの情報なんですよね。ネットの人も結構やっているけれども、1日3回改訂なんていうのは、多分できない。

それからもう一つは、ネット情報は編集ができない。編集ができないというか、校閲が弱い。そういう意味で、新聞社は、ネット時代も生き残るシステムは多分持っているんだろうと思うんですよね。

選挙報道と世論調査の現実

谷口　選挙の話に参ります。選挙報道は政治報道の華と申しましょうか、ふだんの政治報道とは一味違います。選挙報道体制について、ご説明いただけますか。

芹川洋一氏

芹川　新聞社というのは職種のデパートと言われるように、川上から川下まで、読者の手元に届くまでが仕事なんですね。ですから、選挙のときは取材部分から始まりまして、制作、印刷、輸送、それと宅配のところまで、特別ダイヤを組むわけですね。そして、最終版には全ての結果を入れるべく、頑張ってやるということになるわけです。

まず取材の部分で申しますと、支社・支局も総動員してやるわけですね。事前の取材からそうですし、当日も選管発表の票数をもとに当選確実の「当確打ち」をやるわけですね。

小選挙区の場合は各支局で当確を打ちまして、その数を東京本社で集計して、全体の、いわゆる新聞のメーンの見出しになる部分ですね、「自民安定多数」とか、「自民敗北」とか、見出しをどうつけるかを判断していくわけですよね。それで降版は、先ほど申しました1時35分じゃなくて、午前3時、4時まで延ばしますから、これは全て挙げてやると。

それに先立って、情勢の調査。今年は選挙がありそうであると見れば、正月に各選挙区でどういう人が出そうかという記事を掲載し、そしてどういう情勢かという記事――これは地方で書いてくるわけですけれども――を掲載し、そして選挙になりますと世論調査をやりますね。まず序盤の調査をして、そして中盤、終盤のところの情勢の調査をして、それを掲載することになるわけです。世論調査などは億単位のお金がかかる勝負なので、ほんとうに総力戦です。

谷口　選挙時の世論調査では、昨年のアメリカ大統領選挙で、多くのマスメディアや世論調査機関が予測を外しました。全米規模で僅かにヒラリーがリードという点は当たっていたんですけれども、接戦州で予測を外したことが響いて、一時はヒラリーの当選確率9割と言われていたのが、トランプ当選という結果になりました。今回の世論調査の在り方について、これは曽根先生にお伺いします。

曽根　イギリスも外したんです。だけど、イギリスとアメリカはすごく違うと思うのは、イギリスのほうは調査が大づかみというか、全国を多くて6000サンプルぐらいで調べている。要するに選挙区別データにはあまりしていないようなのですね。日本だと総選挙の場合、各選挙区、多いときは1000

サンプル、少ないときは500サンプルぐらいとりますね。イギリスの場合はそれを詳細にはやっていないと思うんです。だから、全国調査のデータで各選挙区に割り振っていくやり方だと、誤差は大きくなっちゃいます。

アメリカの場合には頻度も高いし、カウンティーレベルまで落とした調査をやっていて外したというのは、これがほんとうの反省なんですね。一般に隠れトランプがいるという形で、それはすくい取ることができなかったというんですが、ラスト・ベルトと一部ダブりますが、スイングステート（激戦区）で、ウィスコンシン、ミシガン、オハイオ、ペンシルベニア、バージニアなんていうのは、外し過ぎなんですね。つまり、あそこまで外しちゃいけないと思うんです。

だからこれは、アメリカの調査手法の大反省だと思うんです。ひとつには、固定電話、携帯電話、オンラインとどれを使うのかという調査手法上の相違の問題があります。そもそもの方法論は別として、世論調査をやっている人は今まで通りの調査手法でやったと思うんです。ほとんど毎週改訂ですからね。それでいながらあそこまで外しちゃった。

もう一つは、キャンペーンのほうから行くと、ヒラリー陣営なんかもビッグデータ解析して、どうやって戸別訪問をやったらいいのかまで、ちゃんとやったんですね。やっても、ミシガンとかウィスコンシンとかオハイオでとれなかった。つまり、これは民主党の大敗北なんですよね。今までに加えプラスアルファの選挙をやっていても勝てなかったという。

ヒラリー個人の問題ももちろんある。つまり人気がないというか、好感度が低いというのはあるんだけれども、何回やっても支持者が全然わくわくしないんですよ。エキサイトしないんですよ。だから、民主党の問題、ヒラリーの問題がありますけれども、外しちゃったということは、アメリカの調査会社というのは、なぜなのかというのを猛烈に反省すべき材料ですね。つまり、今後違う手法を使わなきゃいけなくなると思います。一方、トランプ・サイドでは、ケンブリッジ・アナリティカというような、キャンペーンに心理統計学とビッグデータの新しい手法を使って、当てた調査会社も参入してきました。

芹川　我々の経験則でいいますと、日本の場合は常に公明党とか共産党は数値が低く出るので、補正するんですね。逆に自民党は高く出る場合もある。そういうときは下げるとか、そういうのは各社のデータの蓄積がありますので、それぞれの社で数値で調整していますけどね。トランプ現象って、隠れトランプがいたと言われていますが、もちろんトランプは初めてですから、そういう補正がしにくかったというのもないんですかね。

曽根　マスメディアで当てたのは、LAタイムズだけかな。南カリフォルニア大学との協力で行った調査は、毎日400人、週ごとで3000人の調査でした。トランプ当選が予測できたというのは、年齢、性別、収入、人種などで独自予測をしたからではないかな。普通のデータをとっただけでやったら、そうはならなかったと思います。

世論調査の数字はほんとうに「世論」を表しているのか

谷口　世論調査結果にあらわれた数字が果たして世論なのか、という疑問を突きつけられた事件になったと思うんですけれども、世論研究では、世論には4つの意味があると言われています。

1つは、選挙や世論調査で出てきた数字という意味です。

2つ目が、そのイシューに関心を持っている人たちの間の意見。

3つ目は、皮膚感覚的な賛成や反対ではなくて、それぞれの社会・経済的帰属からよくよく考えればこうなるという基本的選好です。

それから4つ目としては、人々、とくに政治家が認識している多数派の所在。

マスメディアが世論を形成する、あるいは世論をはかるという場合のマスメディアの役割というのは、これらのどこにあるのでしょうか。


芹川　非常に悩ましいところで、世論調査をやりまして、その数字がイコール世論だというふうに、何となく我々は無意識のうちに思っていますけれども、それでいいのかと。よく言われますけれども、質問の仕方によって違ってくるところもあります。ある種、細工をすれば、どちらにでも持っていけるようなところもあるわけですよね。

大事なことは何なのかなと考えると、我々はそういう調査データに乗って、今の2番目の関心事ですか、そこだけでやっていっていいものかと。もちろんそこがないと、それとあまり違っていると、読者とずれるわけでしょうし、関心事じゃないことを伝えても、誰も読んでくれないということになるわけですよね。

テレビの場合、視聴率を追求することでワイドショー政治になったりしますけれども、活字の場合も部数の増減があったりしますから、そういうところはどう考えるか、非常に難しいんですね。京都大学の佐藤卓己さんの使われている言葉で言いますと、空気のようなものが世論《せろん》で、空気だとか雰囲気とかいうのに流されないようなものが輿論《よろん》ですよね。

だから、これは自戒を込めてですけれども、無責任にみんなが好きだからいいとか、そういうことじゃなくて、これはプレーヤーという話にかかわってくるわけですけれども、我々がこれを流すことによって、どういう化学反応が起こるのか、どういう結果を社会にもたらすのかというところまでも視野に入れながら、責任ある言説ということでやっていかなきゃいけないんじゃないかなどと思っています。それがうまくいっているかどうかはともかくとして、そういう気持ちは持っております。

曽根　佐藤卓己さんの言う世論《せろん》に対して輿論《よろん》というのは、ある意味、「べき論」ですね。具体的にそれはどうやってはかるかはあまり示さない。だけど、2012年に政府のエネルギー・環境会議のもとで、われわれが「エネルギー・環境の選択肢に関する討論型世論調査」を行った後、国民的議論に関する検証会合に佐藤さんも委員として加わっていました。佐藤さんは、「討論型の調査というのは、世論（せろん）調査ではなくて、より輿論（よろん）調査に近づく調査であるべきだということで、非常に期待をしております」と言っている。つまり、討論型世論調査みたいなことをやると、佐藤さんのフレームに多分入るんですね。

討論型世論調査のような仕組みをつくって丁寧にやれば、佐藤さん流の輿論に入るのかなと思う。それは逆に言うと、イギリス、イタリアなんかは国民投票のときに、そこの部分が欠けていました。どうやって討論部分、あるいは国民に情報を提供する部分、あるいは基礎データを提出する部分を確保するか、そこの仕組みがなくていきなり国民投票に行ったわけで、猛烈に危ないなということですね。

だから、そういう仕組みができるんですかというのは、一般的な参加民主主義論者に対する大変な警告で、逆に言うと、今まで参加民主主義に距離感を持っていた人たちにとっても、仕組みを作ることができるのか、裸の国民投票は危ないという、根本を考える、いいきっかけになったと思うんですね。

マスコミ志望者、若手ジャーナリストへのメッセージ

谷口　最後に、本書の読者の中でも、政治記者を目指す方あるいは記者としての一歩を踏み出した方へのメッセージを頂戴できればと存じます。

佐々木　どの世界もそうだけれども、これからは今までの延長線上での活動というのとは大分違ったものになるのは、ジャーナリズムの世界も変わらないいんじゃないかなと思って見ています。そういう意味では、人生、愉快かどうかわからないけれども、うまくいけば、自分の能力のある限りの範囲でいろいろなことにチャレンジできる職業として、ジャーナリストは選択の対象にしてもらうにはふさわしい職業だろうと思っておりますが、そのかわり、あまり安定性はないんだろう。

そういう意味で、前から先輩たちがこうやってきたから、自分もこうだろうとかいうような世界ではおそらくなくなるのではないか。政治も変わる、社会も変わる、メディア環境も変わるという中を、泳ぎ切る度胸、気力のある人は、ぜひ来てもらいたい。ぜひ政治記者になってもらいたい。

それから、何だかんだ言っても、結局メディアも戦後の民主主義の枠内で動いていたわけなので、その枠もどうなるかわからないし、諸外国でも壊れかけている国もあるし、そういう意味では、ある意味で原点に立ち返って、泳ぎ方と言っちゃ悪いけれども、政治記者の泳ぎ方をこれからは考えながら生きていかなければいけない。そういう職業におそらくなるのではないかなという予想を持っていますので、そういう意味では、日本の民主政治にチャレンジするということでしょう。その変化にチャレンジする気力のある人であってほしいなと思いますね。

曽根　一番最初に、一般の人は政治を、メディアを通じて見ていると言いました。つまり、直接政治家に会ったりしている人は非常に少ないんだと。我々は商売柄、政治家には会いますけれども、継続的に丹念に網羅的に取材はしていないんですよね。これに対して、取材という手法を記者は使い、社で集約する。それを使って1次情報をとってくる。それは学者ができないことなんですね。

論説あるいは深掘り解説記事へというのが、記者が今後行く方向でしょう。だけどそれは、ある意味で評論家、学者もできる。ところが、1次情報をとる取材は記者しかできない。学者も、あるいは評論家も時々取材をしていますけれども、網羅的あるいは包括的な調査、取材というのは無理。

もう一つは、新聞各社で立場が違うのはいいんですが、立場が違っても信頼できる情報を提供してください。逆に言って、新聞社は論者を選んで談話をとってくるときに、立場が違うと拒否しちゃって、全然載せないケースがありますね。だけど、お互いに立場が違っても信頼できるというのがベースにならないといけない。党派政治を成り立たせるということはできないですね。立場が違っても信頼できる人同士の議論というのは重要なわけでして、マスコミも左だろうと右だろうと、この人の書いていることは信頼できるという、あるいはこの社の書いていることは信頼できるんだ、立場は違うけれども信頼できるから尊重するという、そこに行きたいんですよね。

芹川　トランプはどうですかね。

曽根　トランプの場合は、信頼できないですよね。だから、ポスト・トゥルースの時代で、ファクトチェックをみんなが厳しくするというのは、ある意味、当然なんだと思うんですよ。つまり、トランプは好きじゃないから、あいつはだめというよりも、根拠のないことを言うことに問題があるんですね。根拠のないこととか、思い込みとか、裏がとれていないことをツイッターに書く。それをあたかも事実のように言い広め、それを前提として実行するというのは、すごく危ないことだと思うんですよ。

これを一番最初に絶たなきゃいけなかったんだけれども、トランプが出てきたときに、おもしろいからテレビは継続的にそれを報道しちゃったんですよ。だから、エンターテインメントとしては大成功だった。そういう報道を仕掛けたテレビも新聞も、トランプ当選の片棒を担いでいるわけですね。その全体の仕組みをもう一度反省すべきなんです。

だけど、なかなか手ごわいのは、共和党の候補者はトランプを含めて当初17人いて、他はみんな討ち死にしたわけです。それから、ヒラリーでさえ討ち死にしたわけですからね。あの種の手ごわさを持っているエンターテイナーには、なかなか勝てない。ただ、言っていることはうそが相当入っている。でたらめが入っている。思いつきも入っている。それを前提で政治をしちゃったら危ないでしょうと示すことができるか。示すことができたとしても、世論は反応しないかもしれませんが。

最後まで練った上で話しなさいよとか、政策を出しなさいよって、そこまで言いませんけれども、少なくとも根拠のある政策が必要です。例えばトランプはアメリカの失業を問題にするけれども、雇用は過去に比べて、かなりいい。アメリカ的に言えば、完全雇用に近い。それで製造業を守ると言うけれども、アメリカが食べているのは、グーグルとかアマゾンとかアップルとかフェイスブックでしょう。それが稼ぎ頭なのに、いまだに車とか鉄鋼でアメリカは食べようとしているんですかという疑問が出てくる。

雇用を守るって口先介入して、だけどそこで守られるのは、フォードの例が700人ですよね。この種の話というのは、戦争を竹やりでやるみたいな話です。政策って、そうじゃないんですよというところに転換してもらわないといけないんだけれども、よその国なのに、どうしてこんなに心配しなきゃいけないのかというくらい、危機感を持っているわけです。

芹川　根拠のないそういう話というのは、政治思想的には、もっと言えば歴史的に、過去そういうのはありますか。

佐々木　大体根拠ないんじゃないの？（笑）だから、根拠のない話のウェートをどう下げていくかという話なわけですよ。根拠のない話の流通範囲をいかに抑え込んでいくかというのが、実は我々の安定している政治というイメージじゃなかったかと思うんです。根拠のないものを少なくしていく。排除するなり、いろいろな手段はあるんだけれども、それは、根拠のある話を、コアをどうつくっていくかというところが壊れると、根拠のない話のオンパレードになっちゃうわけです。

芹川　デマゴーグというのは、根拠のないことでわっと言うわけでしょう。

佐々木　だから、今起こっている危機は、根拠のある話がどれだけ人々の間で世論として形成され得るかという話が怪しくなってきているという兆候を示しているんだろうと思いますよ。だから、うそのバスが走ったり、今のお話のようなことが起こっている。

どうしたらいいかというのはほんとうに深刻な問題で、ナショナリズムをたたくかどうかというのは出口の話なんだけれども、それは要するに、ほかに行くエネルギーがあれば抑え込めるわけだけれども、全部壊れちゃったら、どこへ行くかわからないわけで、ナショナリズムとか、一番安手の人種主義とか、そういうのはある意味で一番本能的なものだから、本能へ戻っていくわけですよ。

だから、今起こっているのは退化現象なんです。要するに、後退しているわけです。そして、僕は今度の原稿（総論）で書いたんですが、前に進む基盤というものを、かなり壊しちゃったんじゃないか。結局、そこにすき間が出てきたから、アドベンチャーができるようになったんですね。政治的な冒険家にチャンスが出てきたわけですよ。ナショナリズムなんていうのは、これほど金のかからない、手あかのついた俗っぽい話はないわけで、こんなことは一晩あれば誰でも思いつく話なわけで、それで人を何割も動かせるということに、もうなっちゃっているわけです。

先ほどちょっと申し上げたように、既成政党はがたがたになっていく。既成政党はそれなりにわかる話をつくって今までやってきたんだけれども、見捨てられたんでしょうね。だから、例えば中道左派の第三の道なんていうのも、おそらくほとんどアウトになっちゃったわけでしょう？　その意味では、世論のクオリティーの危機が今、来ているんだろう。
大体歴史というのは、ちょっとこっちへ傾くと、ダーッと行っちゃうわけですよ。総得票ではヒラリーが勝ったのに、選挙人ではトランプが勝ったというのは、まさに微妙な差なんだけれども、その結果が結構大きなターニングポイントになることはあると思います。要するに、我々もマニフェストとか言っていろいろやったような、ああいう世界というのは、もうどこかへ。

芹川　行っちゃったんですね。

佐々木　行っちゃったんじゃないかということを、どう考えるかなんですよ。

芹川　あれは約束ですからね。

佐々木　約束ですから。

芹川　あれは根拠のある約束。

佐々木　そうそう。だから、アメリカを偉大にするなんていうのはどういう約束なのか、私にはわからないけれども、一体どこに戻ろうとしているのか、今曽根さんが言ったように、どこを基準にして物を考えているのか、幾らでもマニピュレーションができるシンボルを次々と出してきて。政治学でいえば、古典的には操作の政治と合意の政治とか、何とかそこを区分けしようと、これもなかなか苦肉の策ではあるんだけれども、やってきたわけですよ。そうじゃないと、やられっ放しになっちゃうと。だから、そこを何とか分けようと。

合意の政治というのはマニフェストであり、合理化なわけですよね。だけど、よほど努力しないとこの世界はつくれない。

曽根　そう。

佐々木　この世界を辛うじてつくってきたというのが実態であって、黙っていてもできるものだと考えたら、とんでもない間違いだ。実際、１９２０年代、30年代は、全然できなかったわけですよね。毎日街頭で殴り合いをしていたわけだから、そんなときに世論もへチマもあったもんじゃないという世界ですからね。

逆に言えば我々が、戦後つくってきた世界の希少性みたいなものを、どういうふうにもう一度頭の中に取り込むかということでしょうね、日本について言えば。そこがおそらく、アメリカとイギリスは何かのきっかけがあって、政治家も含めて壊したんだろうと思うし、壊れた可能性があるんじゃないかなと、観察者としては、そんな感想を抱きますよね。

だから、うその問題というのは要するに、ほんとうらしい話ができなくなってきたわけですよ。あれだけうそっぽい話がはびこるというのは、少なくとも、ほんとうでなくても、ほんとうらしい話をつくるということ自体を、みんなでギブアップしちゃったという話でしょう。だから、真実を語れというのはおっしゃるとおり、そのとおりなんだけれども、それをどういうふうにマッピングするかというのは結構複雑な話じゃないかなということを原稿で書こうとしたんだけれども、十分できたかどうか。（笑）

谷口　そういう意味で、マスメディアにとって厳しい課題があるし、それだけに期待も大きい……

佐々木　おっしゃるとおり。

谷口　そのために……

佐々木　この本を読んでください。（笑）

谷口　ありがとうございました。

（2017年1月24日）

あとがき

本書ができた経緯を説明しておきたい。経済界・労働界・学界のメンバーで構成する日本アカデメイアのもとに、メディアの関係者がつどって意見交換する会をスタートさせたのは２０１３年８月のことだった。「マスコミ交流会」と名づけた。

当時の全国紙で政治部出身の論説委員長を中心に、論説・編集委員、経営者も加わり、月１回、午前８時から2時間、経営トップや識者の話を聞き、時のテーマについても議論する勉強会だ。アカデメイア側から共同塾頭である佐々木毅先生と運営幹事の曽根泰教先生、マスコミ側から大久保と芹川が会の幹事役をつとめている。

毎回、経済人や学識経験者との１時間半におよぶ意見交換のあと残り30分、当初は時事問題をめぐって議論していた。ただメンバーは日々競り合っており、それぞれの社の立場もある。どうしても微妙なところが出てくる。

そこで15年10月から芹川が「プレーヤーとしてのメディア」と題して報告をはじめた。お互いの共通項であるメディアのあり方をめぐる意見交換である。16年12月まで計13回におよんだ。本書の各論の節が、順番も含めてその各回のテーマと報告の内容そのものである。

会を重ねるにつれ大久保は、ジャーナリストそれも政治記者を志す若い人たちに知ってもらうためにも出版したらどうかと勧めた。アカデメイア事務局長として会合に陪席している前田和敬・日本生産性本部常務理事も賛同。それをまとめたのが芹川による本書の各論部分である。

悲しいかな、日々の動きを追っている新聞記者の書くものは、どうしても見聞きした表面づらにとどまり、学問的な裏打ちや歴史的な視点に欠けるうらみがある。そこで会の運営幹事で、政治学の泰斗である佐々木先生に無理をいって総論を執筆していただいた。

さらに運営幹事の曽根先生、『政治とマスメディア』（東京大学出版会）の著書もありメディアの問題にも精通しておられる東大の谷口将紀先生にもお願いして、4人による座談会でアカデミズムとジャーナリズムの橋渡しをしてもらった。

総論・各論・座談会によって完結した本になったのではないかと自負している。政治とメディアになじみのない学生さんには後ろから読んでもらった方が入りやすく、理解がより進むのではないかとも思う。

それにしても、人の縁《えにし》というのは不思議なものである。いろんなかたちでつながっていて、思ってもみない展開があったり、予想以上のことに発展したりと、ころがっていく。本書はまさにそんな中から生まれてきた。

佐々木、曽根、谷口の各先生は「新しい日本をつくる国民会議」（21世紀臨調）の中核メンバーで、10年以上前、大久保、芹川もそこに加わって、日本の政治をよくするにはどうしたらいいかをともに議論していた。それがまた日本アカデメイアという場でつながった。

マスコミ交流会のメンバーも論説主幹・論説委員長をはじめ多くが政治部の出身で、かつてともに取材の現場で競い合ったライバル同士だった。そこにはともに戦った者同士の不思議な連帯意識があり、お互いつながってくる。

これは各論第3章の「記者の実相」にも絡む話だが、政治記者は会社を超えたヨコの関係が強いのが特徴だ。総理番記者からはじまり政党、派閥、各省と、同じころ政治記者になれば同じような担当になって回っていくケースが目立ち、おのずと親しくなる（もちろん逆もある）。時間と事件を共有するからでもある。

政変になれば派閥担当記者は一日のほとんどを一緒にすごしたものだ。会社をこえた仲間意識がめばえてくる。困ったときに助けてくれたのが自分の社ではなく他社の記者というのもしばしばある。こうしたヨコのつながりは政治記者に特有のものだ。

大久保と芹川は若いころ、まだ六本木にあった防衛庁の記者クラブで隣り合わせの席にすわり、その後、小泉内閣で同じころに読売と日経でそれぞれ政治部長をつとめ、ヨコのつながりができた。

ほかのメンバーもそれぞれ何らかのかたちでつながっているわけだが、長い間、芹川の報告に付きあってくれた友情に感謝したい。

谷口先生の尽力もあって本書を東大出版会から刊行できることは望外の喜びである。学生時代、ろくすっぽ勉強せず、出版会刊の教科書にまともに向き合うこともしなかった人間からすると、なんともむずがゆいものがある。

索引データは東大大学院法学政治学研究科の博士課程に在籍中の金子智樹氏に作成してもらった。深謝したい。

担当してもらった編集部の奥田修一氏には無理難題を聞いてもらったうえに、引用文献をはじめ細部にわたる的確なチェックをしていただき感謝している。

芹川の個人的な思いだが、一連の報告のエッセンスは蒲島郁夫・熊本県知事、竹下俊郎・明治大教授との共著『メディアと政治』(有斐閣)から得たものであり、学恩ということばの意味をしみじみとかみしめている。両先生にはお礼を申し上げたい。

日本アカデメイアの活動がこうしたかたちで、ひとつの成果物として世に問えることを大変うれしく思っている。われわれとしては、ジャーナリストをこころざす学生さんや若い記者たちに読んでもらい、記者生活を送っていくうえでのヒントをつかんでもらえるとすれば、これ以上の幸せはない。

大久保　好男(日本テレビ社長)
芹川　洋一(日本経済新聞論説主幹)

日本アカデメイア「マスコミ交流会」メンバー
(50音順・敬称略・2017年3月31日現在／★は運営幹事)

【マスコミ】

飯塚 恵子	読売新聞国際部長
大久保 好男★	日本テレビ放送網代表取締役社長執行役員
小田 尚	読売新聞東京本社取締役副社長論説担当
河合 雅司	産経新聞論説委員
熊坂 隆光	産経新聞代表取締役社長
小松 浩	毎日新聞主筆
島田 敏男	NHK 解説副委員長
瀬能 繁	日本経済新聞論説委員兼編集委員
芹川 洋一★	日本経済新聞論説主幹
曽我 豪	朝日新聞編集委員
永井 利治	共同通信オリンピック・パラリンピック室次長
根本 清樹	朝日新聞役員待遇論説主幹
福本 容子	毎日新聞論説委員
藤野 優子	NHK 解説委員
吉田 文和	共同通信会館代表取締役専務

【有識者】

飯田 政之	読売日本交響楽団常任理事・事務局長
木村 伊量	前朝日新聞代表取締役社長・ 国際医療福祉大学大学院特任教授
河野 通和	新潮社「考える人」編集長

【日本アカデメイア】

佐々木 毅★	共同塾頭・元東京大学総長
曽根 泰教★	運営幹事・慶應義塾大学教授
福川 伸次	会員委員長・地球産業文化研究所顧問・ 東洋大学理事長
前田 和敬	事務局長・日本生産性本部常務理事

ま行

や行

ら行

わ行

さ行

た行

な行

は行

人名索引

あ行

か行

芹川 洋一
1950 年熊本県に生まれる．1975 年東京大学法学部卒業．76 年同新聞研究所修了．日本経済新聞社政治部長，論説委員長等を経て，現在，論説主幹．主要著書：『憲法改革――21 世紀日本の見取図』（日本経済新聞社，2000 年），『メディアと政治［改訂版］』（共著，有斐閣，2010 年）．

佐々木 毅
1942 年秋田県に生まれる．1965 年東京大学法学部卒業．同助手，助教授，教授，東京大学総長等を経て，現在，日本学士院会員・東京大学名誉教授．主要著書：『政治学は何を考えてきたか』（筑摩書房，2006 年），『政治学講義［第 2 版］』（東京大学出版会，2012 年）．

政治を動かすメディア

2017 年 5 月 12 日　初　版

［検印廃止］

著　者　芹川洋一《せりかわよういち》・佐々木《ささき》 毅《たけし》

発行所　一般財団法人　東京大学出版会

代表者　吉見俊哉

153-0041 東京都目黒区駒場4-5-29
http://www.utp.or.jp/
電話　03-6407-1069　Fax 03-6407-1991
振替　00160-6-59964

組　版　有限会社プログレス
印刷所　株式会社ヒライ
製本所　牧製本印刷株式会社

ISBN 978-4-13-033107-4　Printed in Japan